Índice

Ramón J. Sender
Viaje a la aldea del crimen
Documental de Casas Viejas

Prólogo de Antonio G. Maldonado

LIBROS DEL ASTEROIDE

Primera edición en Libros del Asteroide, 2016
Tercera edición, 2016

© Estate of Ramón J. Sender
© del prólogo, Antonio García Maldonado, 2016
© de esta edición, Libros del Asteroide S.L.U.

Publicado por Libros del Asteroide S.L.U.
Avió Plus Ultra, 23
08017 Barcelona
España
www.librosdelasteroide.com

ISBN: 978-84-16213-63-4
Depósito legal: B. 1.662-2016
Impreso por Reinbook S.L.
Impreso en España - Printed in Spain
Diseño de colección: Enric Jardí
Diseño de cubierta: Duró

Este libro ha sido impreso con un papel ahuesado,
neutro y satinado de ochenta gramos, procedente de bosques
correctamente gestionados y con celulosa 100 % libre de cloro,
y ha sido compaginado con la tipografía Sabon en cuerpo 11.

Viaje a la aldea del crimen
Documental de Casas Viejas

Prólogo

Casas Viejas, la aldea donde la Segunda República perdió la inocencia

La historiografía nos dice, cargada de razones, que la caída de la Segunda República tras el golpe de Estado del 18 de julio de 1936 y la guerra civil que duró hasta 1939 tuvo unas causas de fondo cuyo origen último se remontaría siglos en nuestra historia, agravadas por un contexto europeo de extrema complejidad, con el ascenso de los fascismos y la polarización política en el continente que poco después padecería la guerra más mortífera de la historia. La Iglesia, gran parte del Ejército, los terratenientes, los banqueros, los industriales, los monárquicos: la República tuvo, desde el primer momento de su proclamación en abril de 1931, enemigos demasiado poderosos para sobrevivir, o al menos para vivir sin sobresaltos.

En este escenario de frágiles equilibrios, nada ocurría sin que trascendiera. Todo era susceptible de convertirse en un arma política arrojadiza; generalmente contra el nuevo régimen republicano, que con tantos enemigos al acecho cometió un ominoso pecado original en Casas Viejas, una pedanía de Medina Sidonia (Cádiz) de unos dos mil habitantes, a principios de enero de 1933, cuando durante la madrugada del 10, un grupo de anarcosindicalistas, creyendo formar parte de un levantamiento anarquista en todo el país, asaltó el cuartel de la Guardia Civil y declaró el comunismo libertario después de herir a dos guardias, a uno de ellos de muerte.

Los que llegaron al pueblo pocas horas después no fueron los refuerzos de sus compañeros anarcosindicalistas de Jerez, como esperaban, sino guardias civiles y de asalto (el cuerpo que Azaña había creado por su falta de confianza en la benemérita) con órdenes terminantes de sofocar el estallido, «sin prisioneros ni heridos», según declararían algunos de ellos. Las fuerzas de seguridad tomaron Casas Viejas y, utilizando la intimidación y la violencia, consiguieron los nombres de los habitantes con declaradas simpatías anarquistas. Ante este hecho, los rebeldes se refugiaron en la choza de Seisdedos, un carbonero de setenta y dos años señalado como uno de los cabecillas del levantamiento.

El acoso a la casucha fue brutal. Durante el mismo murió un guardia de asalto. Por la noche, el acoso continuó con granadas, rifles y una ametralladora. Más tarde llegaría el capitán Rojas con cuarenta guardias de asalto y la orden verbal, según su versión, de «abrir fuego sin piedad contra todos los que dispararan contra las tropas» que le había transmitido el director general de seguridad, Alberto Menéndez. En vista de la resistencia de los amotinados, Rojas ordenó incendiar la choza para provocar la espantada. Finalmente serían ocho los muertos en el interior de la casa en esa primera jornada de la *razzia* con la que Rojas quiso dar un escarmiento ejemplarizante. La masacre continuaría con el ajusticiamiento de media docena más de habitantes señalados que habían sido hechos prisioneros y llevados ante los rescoldos de la choza de Seisdedos. Fueron asesinados a sangre fría cuando se encontraban aprehendidos y desarmados.

El conato de rebelión anarcosindicalista y, sobre todo, su cruel aplastamiento por la Guardia de Asalto y la Guardia Civil ofrecieron la excusa idónea para que la oposición comenzara una ofensiva parlamentaria y extraparlamentaria que, a la postre, contribuiría a desprestigiar y acabar con el gobierno republicano-socialista que presidía Manuel Azaña y a la ascensión al poder de la CEDA y otros grupos de derecha de lealtad más que dudosa hacia la República. El caso Casas Viejas es, por eso, un hecho capital en la historia española reciente. En la propia insurrección, en el sofoco de la misma y en las reacciones políticas que provocó se expusieron sangrientamente todas las patologías sociales e históricas que la joven república trataba de corregir. El hambre y la miseria en gran parte del país, sobre todo en Andalucía; el abuso y el capricho de una autoridad alejada de esa realidad miserable; la polarización extrema de los posicionamientos políticos; la insolidaridad criminal de los terratenientes. Casas Viejas era, en enero de 1933, una miniatura de España, un *aleph* donde las dinámicas perversas que conducían a nuestro país al desastre se evidenciaban con una claridad trágica.

Ramón J. Sender acude al lugar

Pocos días después de los hechos, y ante los rumores de que la fuerza pública había asesinado a varios vecinos de Casas Viejas por su supuesta participación en el levantamiento, los diarios comenzarían a prestar atención al caso y a enviar periodistas al pueblo gaditano. Debían averiguar qué había de cierto en las acusaciones que se vertían contra las autoridades de Madrid, señaladas como responsables directas, no solo políticas, de la veintena de muertes supuestamente ordenadas por el director general de seguridad al capitán de la Guardia de Asalto Manuel Rojas, encargado de restablecer el orden. Era un asunto políticamente explosivo.

Uno de esos enviados especiales fue Ramón J. Sender, que pese a su juventud —contaba entonces treinta y dos años— era ya un autor de éxito. En 1930 había publicado la popular *Imán*, novela en la que describió la guerra de Marruecos, donde luchó como soldado. Poco después, en 1932, le seguirían, entre otros libros, *Orden Público* y *Siete domingos rojos*, ambos de claro contenido político y simpatizantes con el movimiento anarquista. Aunque también era conocido por sus heterogéneas colaboraciones periodísticas en medios como *El Sol*, *Solidaridad Obrera* o *La Libertad*, diario este último para el que escribió las crónicas sobre Casas Viejas que forman la espina dorsal de este libro.

Pese a sus orígenes en una familia acomodada de Huesca, el periodista que llegó a Casas Viejas no era un observador con simpatías hacia la autoridad. Era un republicano que había mostrado ya su desencanto con el nuevo régimen, de izquierda, con ideas anarquistas que mudaban entonces hacia el comunismo por el carácter pragmático de estos frente al idealismo de los primeros. Tanto en su literatura como en su obra periodística había privilegiado la denuncia política y social por encima de consideraciones estéticas, aunque sin descuidar estas últimas. Casas Viejas era, por tanto, un lugar idóneo para contrastar todas sus creencias, para reafirmarse en algunas y para abjurar de otras. Y un reto literario y periodístico por la relevancia del asunto y por la maestría que se requería para contar una historia tan dramática y que las autoridades trataban de ocultar. En cualquier caso, no solo en la vida política española habría un antes y un después de los sucesos de este pueblo gaditano; también lo habría en la vida y en el pensamiento político de Sender.

Las crónicas

La primera crónica sobre Casas Viejas en *La Libertad* aparece el 19 de enero. Seguirían otras nueve, más cinco que serían publicadas tras regresar de un viaje a la URSS del que salieron sus libros *Madrid-Moscú* y *Carta de Moscú sobre el amor*. La publicación de sus primeras diez crónicas, junto con las denuncias de otros periodistas, habían sumido al país en una grave crisis política. En el Congreso se debatían mociones de confianza al Gobierno, que por boca de su presidente se reafirmaba en la corrección de la actuación institucional: «En Casas Viejas no ha ocurrido sino lo que tenía que ocurrir». Pese a ello, el parlamento aprobó la formación de una comisión de investigación sobre los sucesos y varios diputados acudieron al pueblo gaditano para recabar testimonios. Abrumado por el revuelo causado por el caso, y refiriéndose tácitamente a las crónicas de Sender, Azaña pidió no creer en «relatos más o menos realistas». Sender aprovecharía la información recopilada por la comisión parlamentaria y el posterior juicio al capitán Rojas para retocar sus crónicas sobre el terreno, reestructurar el libro y publicar, en 1934 en la editorial Pueyo, el presente *Viaje a la aldea del crimen*.

Pero ¿qué había contado Sender que fuera tan escandaloso? Su denuncia tenía dos vertientes. Por un lado, el retrato inicial que hizo de la miseria del campo andaluz fue demoledor, con escenas que se trasladan a diálogos y frases contundentes, que siempre encuentran culpable no tanto al duque de Medinaceli, que mantiene treinta y tres mil hectáreas ociosas, como en una República que en casi dos años de gobierno no ha hecho nada por remediar el problema con una reforma agraria profunda. «Estos hombres están condenados, como en ninguna otra región de España, a la huraña, al aislamiento, a una triste soledad con su miseria.» La visita causó en Sender gran impresión: «Aquí hay un hambre cetrina y rencorosa, de perro vagabundo», «después de ver a estos hombres da vergüenza comer».

Tras observar la realidad del hambre en Andalucía, el desencanto de Sender con la República se hizo irreversible: «Antes de venir a Casas Viejas me parecía absurda esa leyenda de los salteadores humanitarios. Hoy lo considero un fenómeno obligado». El levantamiento anarquista es una necesidad. La República lo ha hecho inevitable con su inacción. Incluso, la República ha agravado el problema con la ley que prohíbe contratar jornaleros de otros pueblos. Refiriéndose a uno de ellos, Sender señala y denuncia que «la ley que le impedía ir últimamente a trabajar "donde lo hubiera", confinó a él y a otros muchos todo el invierno en un pueblo sin vida». Se mueren de hambre, están humillados y, además, «saben que hay en el pueblo tres guardias y un sargento».

Aun siendo esta denuncia implacable, la pobreza era generalizada en España, sobre todo en la rural. Ese atraso secular fue una de las razones que más abonaron el terreno para un cambio del régimen monárquico por una república que, en el campo, se asociaba casi exclusivamente con la reforma agraria. «Monarquía o República es cosa que en el campo andaluz tiene poquísima importancia», escribió. Lo realmente explosivo de su relato era no tanto la decepción reformista republicana como la descripción del comportamiento de los guardias de asalto, la Guardia Civil y demás autoridades encargadas de sofocar el levantamiento. La cadena de mando al completo se comportó de forma criminal. Unos al ordenar que no dejaran heridos ni prisioneros, otros al asesinar con vesania a detenidos indefensos como castigo ejemplarizante, y los últimos al justificar políticamente estas actuaciones. La República, el nuevo régimen que debía traer libertades, tierra y prosperidad, ejecutaba sumariamente a los miserables jornaleros.

Un western *andaluz*

En *Viaje a la aldea del crimen* hay poca artificiosidad literaria. El estilo es directo y realista, con abundantes diálogos marcados por el intento de transcribir literalmente la forma de hablar de los habitantes del lugar. Su viaje al sur se le antoja desde el principio ingrato y duro: «Avanzamos hacia Andalucía. Vamos al sur. En los viajes deprime un poco la ruta hacia el sur. Estimula y alienta, en cambio, el camino al norte». No obstante esta falta de artificios, Sender comienza con un juego literario espacio-temporal que le «permite» presenciar los hechos. Su vuelo desde Madrid hasta Sevilla es tan veloz que consigue «ganar» cuatro días, hasta el 10 de enero, y convertirse en observador, más que en un periodista que reconstruye los hechos con estilo gacetillero. Es, por eso, un libro que puede enmarcarse en lo que décadas después se conocería como «nuevo periodismo», y que en España practicaron ya en los años treinta del pasado siglo el propio Sender, Gaziel o Manuel Chaves Nogales de forma magistral.

Sender llegó a Casas Viejas como un forastero a un pueblo del *Far West* atizado por la miseria, el silencio y el miedo; por una atmósfera viciada cuyos males irá descubriendo en párrafos marcados por opiniones contundentes, datos históricos y descripciones antropológicas que muestran una tierra hambrienta y abandonada, donde hay arquetipos que juegan papeles contrarios frente a un orden social y legal que trata de imponerse. El villano: en este caso, el etéreo duque de Medinaceli con sus tierras improductivas, además de las fuerzas de orden público; las víctimas: sin duda los jornaleros hambrientos; el héroe que se sacrifica por la comunidad: el carbonero Seisdedos. Sender transmite en su relato tensión contenida, falsa calma, como en un bar del Oeste cuando entraba un bravucón pistolero a pedir un whisky con la mano cerca de la funda del revólver. Intuimos que habrá muchos tiros. «Lo peor está en los factores de orden psicológico, que son creados por esa situación y que determinan un estado constante de alarma», escribe. «Su silencio era historia viva.»

Y hubo tiros. Los disparos para asaltar el cuartel de la Guardia Civil fueron los primeros, y luego seguirán, tras diálogos angustiados entre los insurgentes y algunos pobladores, los de la choza de Seisdedos. Reina la confusión. ¿Está cortada la línea telefónica? ¿Vienen los refuerzos de la comarcal anarcosindicalista de Jerez? La defensa épica de la choza culmina en masacre. «Los campesinos que habían soñado durante cuarenta y ocho horas con la posesión de la tierra salían de lo hondo de sus chozas con un desaliento trágico (...) su rencor todavía con olor de sangre.» El orden se ha restablecido, al menos momentáneamente. No tardarían en llegar a Madrid los rumores primero y las denuncias públicas después sobre el salvaje comportamiento de las fuerzas de orden público en Casas Viejas. En Andalucía «las autoridades republicanas burguesas están al servicio de los viejos señores y son sus fieles esclavos», escribe.

Los últimos capítulos contienen más opiniones indignadas y muestran claramente el posicionamiento político de Sender. Su denuncia sin paliativos de la situación del campo andaluz, las simpatías hacia los rebeldes y sus duras críticas al gobierno republicano-socialista le sitúan ya, en 1933 y 1934, en un descreimiento sin vuelta atrás que fue generalizado en grandes sectores de la izquierda española, grupos que, en 1931, habían recibido con euforia el nuevo régimen republicano. Además, la dureza de la experiencia gaditana contribuye a acentuar la cercanía de Sender con los pragmáticos comunistas.

Influencia en la historiografía

El interés de *Viaje a la aldea del crimen* es, por tanto, diverso. Como pieza periodística debe figurar en lugar prominente como una interesante muestra de periodismo narrativo español. Independientemente de lo equivocado de algunos datos (Seisdedos nunca fue tan determinante), o lo injustas que, al calor de hechos o documentos que se han conocido con el paso de los años, puedan resultar sus críticas al gobierno republicano, este libro tuvo, como hemos comentado, una trascendencia política inaudita. Relevancia que se extendió a la historiografía, que dio por válidos los puntos de vista de Sender. La derecha franquista estaba encantada con refrendar un relato que era un particular *J'accuse* contra el demonizado Azaña y el régimen republicano. Figuras como Federica Montseny, hispanistas como Gerald Brenan o Gabriel Jackson, o historiadores como Eric Hobsbawm, también avalaron estas tesis. Una versión que solo al morir Franco y comenzar un paulatino rescate del pensamiento y la obra del proscrito Azaña pudo ser rebatida.

Especialmente relevante fue la aparición de sus *Cuadernos robados*, sus diarios de 1932 y 1933. En ellos queda claro que Azaña no ordenó matar, ni conocía los asesinatos cuando compareció en el parlamento para defender la actuación de las fuerzas de orden público. Dada la trascendencia de los sucesos de Casas Viejas en la construcción del relato golpista, estas páginas debían permanecer ocultas, y de ello bien se encargó el nuevo régimen y posteriormente, tras la muerte de Franco, la familia del dictador. El autor de *Crónica del alba* murió en San Diego, Estados Unidos, en 1982, quince años antes de que se publicaran estos diarios robados.

Sender tuvo razón en su denuncia de los hechos, pero se equivocó al señalar a los responsables, con unas consecuencias políticas insospechadas. El autor había escrito no solo un primoroso reportaje, sino también una exitosa carta de defunción de una Segunda República que debía lidiar, además de con sus detractores de primera hora, con los más recientes desencantados.

ANTONIO G. MALDONADO

Viaje a la aldea del crimen
Documental de Casas Viejas

«No ha ocurrido sino lo que tenía que ocurrir.»
(Palabras del jefe del Gobierno)

«Doy a las fuerzas media hora para que sofoquen el movimiento.»
(Del ministro de Gobernación)

«No quiero heridos ni prisioneros.»
(Director de Orden Público)

«Paso corto, vista larga y mala intención.»
(Lema de la Guardia Civil)

Estos sucesos ocurrieron en la aldea de Casas Viejas, municipio de Medina Sidonia, provincia de Cádiz, en los días 10, 11 y 12 de enero de 1933, siendo jefe del Gobierno Manuel Azaña, ministro de Gobernación Casares Quiroga y director de Orden Público Menéndez.

En el avión postal.—Tiempo y velocidad.—Hemos ganado cuatro días.

Lo que salva al viajero del trimotor es el zumbido de los motores. El alma del acero canta en los nervios del que viaja. Cinco minutos después de oír esa canción se olvida la sensación del autobús, del vagón —imágenes de gravidez contra este milagro de estar en el aire—, y se contempla el paisaje, que va dejando de serlo para convertirse en mapa. De chicos hubiéramos aprendido la geografía —hidrografía, orografía, cuencas y alturas— por este sistema del avión, maravillosamente, lejos del rencor azul o violáceo de los atlas.

Por la ventanilla van desfilando las estepas ocres de la Mancha. Un minuto vuelve aún el recelo: «¡Qué seguro estaba Don Quijote en la silla de *Rocinante* y hasta en las aspas del molino!». Pero en seguida también otra reflexión: «Si hubiera podido volar, como nosotros, su imaginación no hubiera ido tan lejos. Basta con que vuele el cuerpo». Y, sin embargo, es posible esto de volar dentro del vuelo material. Se puede volar entre los cristales del avión como una mosca. Cuando la imaginación del siglo XVII se ha hecho técnica —avión—, todavía la imaginación puede escapar en busca de metas nuevas. Cuando el paisaje se ha hecho mapa, a mil metros de altura, todavía podría hacerse esfera a cien mil metros. Sí. Se puede volar dentro del avión, bajo el alegre zumbar de los motores. Se puede soñar dentro del sueño. Soñar que se sueña. El mapa desfila hacia atrás más despacio. Volamos más alto cada vez. Cuanto más altos, la sensación de velocidad se atenúa más. Y, sin embargo, debemos ir más deprisa, porque la atmósfera es menos densa, la sustentación y la estabilidad más fáciles, y también porque la línea que describe el avión en su ruta es más recta, menos pegada a la curvatura del horizonte, menos paralela a la curva de la superficie.

Por abajo desfilan los campos de Illescas. ¿Dónde estarán aquellas dos chicas infanzonas de la belleza absoluta? Tenían una belleza valiente. La virilidad de los aristócratas españoles se ha refugiado en sus mujeres, en sus hijas. Solo en ellas la aristocracia no es decadente. Y Toledo. Estamos sobre el Tajo. Abajo, Orgaz. Como no recordamos ninguna toledana, la indiferencia por esa escombrera oscura es total. Avanzamos hacia Andalucía. Vamos al sur. En los viajes deprime un poco la ruta hacia el sur. Estimula y alienta, en cambio, el camino del norte. ¿Tendremos algo de brújulas, de agujas imantadas? Sur, tierra caliente, languidez, sudor y ensueño. En los trópicos, la vida es más rápida y el pensamiento más confuso. Se descompone con facilidad. Queremos rapidez para caminar, no para vivir. Y diafanidad y temperatura constante e invariable en el pensamiento. Ciudad Real, Almadén, Puertollano. Minas y mineros. Cimas negras de carbón y lentos hormigueros de explotación y de miseria. Llevamos algo más de una hora de viaje y hemos hecho la mitad del camino. Ante el mapa de ruta volvemos a adquirir conciencia de la velocidad. El mapa en la mano derecha y el reloj en la izquierda, bajo el zumbar de los motores, resumen todas las ciencias posibles, todas las abstracciones. Y encima, el caliente azul soleado.

Tiempo y velocidad. Dos conceptos inseparables y en lucha. Si pudiéramos acelerar la velocidad, aumentar las pulsaciones de los motores hasta alcanzar un ritmo suficiente, venceríamos al tiempo. No solo al de los relojes, sino al de la Luna y el Sol. Si pudiéramos en este avión dar la vuelta al planeta en menos de veinticuatro horas —aunque solo fuera en veintitrés horas cincuenta y cinco minutos—, al cabo de varias vueltas en dirección opuesta al Sol, le habríamos ganado al tiempo una hora, y siguiendo así podríamos retroceder algunos días y hasta años. La biología no es fiel al tiempo abstracto; si no, podríamos incluso volver a la infancia. Pero ya hemos dicho que se puede volar en el vuelo —y no solo como la mosca, entre los cristales del avión— y soñar en el sueño. Entre Córdoba y Lora del Río, recién salvada la sierra de Almadén, podemos soñar lo que nos plazca. No se ponen límites al ensueño, como al equipaje. Quizá la imaginación de los viajeros cuente algo en la ingravidez del avión. Adormecidos en la butaca pensamos que el avión logra alcanzar esa velocidad milagrosa. Que nos hemos separado de la ruta y marchamos hacia Oriente. La velocidad amenaza incendiar las cabinas por el roce con el aire, como sucede con los aerolitos. Quizá hemos dado ya una vuelta al planeta y vamos por la segunda o la tercera. Así transcurre la última hora de viaje. Ha podido ser, en lugar de una hora, un año, porque nos hemos dormido de veras. La sensación de descenso nos despierta. Hemos llegado. Estamos en Sevilla. ¿Cuántas vueltas hemos dado al planeta? ¿Qué tiempo hemos ganado? Alguien dice casualmente una palabra, y otro la repite. Unos empleados firman en unos papeles:

—Cuatro.

¿Habremos ganado cuatro días al tiempo? Eso queríamos nosotros, por lo menos, para llegar a Medina Sidonia y a Casas Viejas con tiempo para presenciar lo que ha sucedido ya. Al salir, un calendario nos da la razón en la consigna. Hemos llegado cuatro días antes.

Salimos del aeródromo en un automóvil. ¿Estamos en Sevilla? ¿No habremos ido a parar a Sumatra o a Ceylán? Tantas vueltas al mundo han podido despistar a los pilotos. Pregunto al chófer si hay noticias de Medina Sidonia. El chófer, ajeno al ensueño de la lucha con el tiempo, replica con vivacidad:

—¿Noticias de Medina Sidonia? Allí no ocurre nunca ná. Si preguntara usté siquiera por el Puerto de Santa María...

El chófer es de esta última ciudad, y quisiera que todo el mundo se interesara por ella. Pero todavía no puedo asegurar que esté en Sevilla. ¿Estamos, efectivamente, en Tablada? ¿Cerca de Sevilla? El chófer va apretando el acelerador y nos deslizamos con rapidez. De pronto vuelve la cabeza a medias, guiña un ojo, señala hacia el asfalto adelantando la mandíbula y aprieta más el acelerador:

—¡Podridita que está la carretera!

Estamos en Sevilla. ¿Y el tiempo?

El tiempo no cuenta en Sevilla. ¿Y la velocidad? Tiempo, velocidad y espacio las lleva el chófer junto al volante, en unas esferas con inquietas agujas negras. Y apenas le han servido para un gesto de suficiencia. La carretera no está podrida, ni mucho menos.

El «Manué» de Jorge Borrow es hoy limpiabotas.—Fantasía de la calle de la Sierpe.

Dice Borrow en el tercer tomo (página 204) de *La Biblia en España*: «Los andaluces de clase alta son probablemente, en términos generales, los seres más necios y vanos de la especie humana, sin otros gustos que los goces sensuales, la ostentación en el vestir y las conversaciones obscenas. Su insolencia solo tiene igual en su bajeza, y su prodigalidad, en su avaricia. Un andaluz descubrí yo, sin embargo, a quien proclamo sin vacilar como el carácter más extraordinario que he conocido. Pero no era un retoño de una familia noble, ni portador de suaves vestidos, ni personaje lustroso y perfumado, ni uno de los románticos que vagaban por las calles de Sevilla adoptando actitudes lánguidas, con largas melenas negras que les llegaban hasta los hombros, sino uno de aquellos a quienes los orgullosos y duros de corazón llaman la hez del populacho. Un hombre miserable, sin casa, sin dinero, harapiento, destrozado. Aludo a "Manué", a quien no sé por qué oficio nombrar: si vendedor de lotería, o auriga del carro de los muertos, o poeta en poesía gitana. Maravilla será que aún estés vivo, amigo "Manué". Tú, de condición natural tan noble, honrado, de corazón puro, humilde, pero digno, ¿vagas aún por las calles de Safacoro (Sevilla, en caló) o por la margen del Len Baro (Guadalquivir)? O quizá descansas ya fuera de la Puerta de Jerez, en el camposanto adonde, en tiempo de epidemias, acostumbrabas llevar a tantos en tu carro. Muchas veces, en las reuniones de los sabios, he recordado tu sencilla sabiduría. ¡Y cuántas veces, al meditar en la muerte que se aproxima cada día, he deseado poder reunirme contigo otra vez y que tus manos ayuden a llevarme allá, a la soleada planicie!» Esto dice Borrow. «Manué» asoma a menudo en la vida sevillana. Tiene sobre el de 1830 una condición: la fantasía. Su sabiduría, que Borrow recordaba entre los sabios, ha ido admitiendo el barroquismo de un tiempo confuso, y, en lugar de mover la cabeza con melancolía para decir una sentencia, gusta de trazar arabescos en el aire. Es limpiabotas. Estamos sentados en la terraza de un bar ante dos vasos de vino. Hablamos de cosas simples.

—¿Cómo es —le pregunto— que, siendo tan supersticiosos en Sevilla, a la calle principal la llaman calle de la Sierpe?

«Manué», en lugar de aclarar la duda, contesta con otra pregunta:

—¿No sabe usté de dónde viene el nombre?

Y lo explica:

—Una vez, cuando la ma llegaba hasta la Puerta Jeré... —esto hace pero que muchísimos años—, salieron dos marineros a dar un paseo en una barquilla...

Iban hablando y paseando cuando, cansados de remar, se acercaron a una roca que emergía del agua, y saltaron a ella. Amarraron la barca y se sentaron a liar un cigarro. Hablaban y fumaban. Uno de ellos dejaba el cigarro en la roca. Cuando el fuego fue avanzando hasta dar en ella sintieron una gran sacudida, y fueron lanzados al agua. Lucharon con las olas y de pronto se vieron atacados por una formidable serpiente, que era, en realidad, sobre lo que habían estado descansando. La sierpe los mató, y días después fue muerta por la compañía de Marina y sacada a tierra. La llevaron en procesión, a la Macarena, y en memoria de ese episodio le pusieron a la calle principal «calle de la Sierpe».

A «Manué» le parecía muy bien, porque, como el de Borrow, era creyente todavía. O quizá le quedaba, de limpiar las botas a los señoritos de la calle de la Sierpe, cierto servilismo supersticioso y la necesidad de mentir para divertir. El caso es que ponía una gran fe en su relato. «Manué», «hez de la ciudad», según las personas importantes, llevaba su fantasía como una máscara para disfrazar quizá la «sencilla sabiduría» del que en 1830 enterraba a los muertos del tifus.

Después del relato me dijo que no era de la ciudad, sino de la Sierra, y que había ido allá porque el campo «estaba muy malo».

—¿Lo pasa usted mejor aquí?

—¡Qué quiere usted! Trabajo es lo que hase farta, y que corra el dinero. Porque la vida, allí o aquí, en todas partes es iguá.

Le pregunté si estaba en alguna organización obrera, y habló mal de «los del puerto» y de los libertarios. Y repetía que la vida es igual en todas partes. Salvo en «Sanluca». Sanlúcar tenía para él un extraño atractivo. Mar azul, tranquilidad y sosiego. Este «Manué» tiene solo veinticinco años, y parece un viejo. Vive al margen

de la lucha de clases. Tiene algo decadente y aristocrá-
tico en sus maneras. Es el «Manué» de Borrow, tan elo-
giado por el misionero protestante, traducido con sin-
gular amor por el presidente del Consejo de Ministros,
Sr. Azaña.

Una trola.—Táctica.—Comienza la política.

«Manué» cuenta ahora cómo transportaron la «serpiente de ma», por qué calles fue. Yo le escucho a ratos. Pienso en el sosiego de Sevilla, siempre falso. El turista que coincida en la ciudad con un período de paz y de orden, no podrá explicarse después, por los periódicos, cómo, ni dónde, ni por qué han ocurrido las cosas. En estas ciudades adormecidas el proletariado se adivina apenas en la labor lenta y sosegada del puerto, junto a los remolcadores y a las barcazas de carbón, y parece que no ha de suceder nunca nada. Es una ciudad para el trípode de los fotógrafos más que para el de las ametralladoras. Y, sin embargo, de pronto la alfarería de Triana salta hecha añicos bajo las pistolas, y los ingleses calculan con espanto la distancia que les separa del hotel.

Mientras habla «Manué», un obrero —luego supe que era mozo de ferrocarriles— le interrumpe para irritarle:

—¡Trola! Todo eso es trola.

Pero «Manué» no se inmuta. Le ofrece de beber.

—Aquí —dice señalándome— va hacia Cadi. Ya iría yo con él, si pudiera. Ahora, que yo iría por el río. Por Sanluca.

El mozo ferroviario no le atiende. Hablan los dos de otros compañeros, y «Manué» repite su opinión desdeñosa contra las organizaciones revolucionarias.

—Andáis a tiros todos ustés por menos de ná. Que si el trabajo en el puerto, que si el comunismo autoritario y libertario. Y la vida pa uno es la misma ahora que luego y que después, gane quien gane.

Este tipo de obrero no es frecuente en Sevilla. Es el de Borrow (traducción de Azaña). Hacia él quisieran encarrilar las autoridades a blancos, rojos o negros. No es fácil. Pero se utiliza una táctica que consiste en agudizar y enconar las diferencias que existen entre la organización comunista del puerto —llave de toda la actividad obrera de la ciudad— y los sindicatos de la CNT. Bien es verdad que para hacer del comunista o del anarquista un «Manué» reflexivo hace falta mucha sagacidad y tiento. El gobernador parece que no carece en absoluto de ellos. En los conflictos de trabajo procura acentuar las disidencias facilitando la gestión de una fracción o de otra. Cuando comunistas y anarquistas se lían a tiros, el gobernador se frota las manos de gusto. El obrero debe desengañarse. Primero, se cansa. Luego, se decepciona y se aleja de las organizaciones. De unas organizaciones que chocan entre sí, de una camaradería que de pronto produce víctimas. Obreros que disparan contra obreros. El rojo o el negro, o el rojinegro, pueden abandonar la escondida ilusión de un frente único y convertirse en el héroe del sabio protestante, que inventa graciosas leyendas y que tiene una «sencilla y plácida» sabiduría.

Se nos acerca un obrero y saluda a «Manué». Luego señala un periódico que «Manué» lleva en el bolsillo y le enseña otro doblado:

—Te lo cambio por el mío.

Hacen el trueque, y «Manué» protesta al ver que le ha dado el órgano comunista. Pero el otro se aleja encogiéndose de hombros:

—Yo te doy el mío. El mío es ese.

Damos una vuelta por la ciudad. Al llegar al mercado de la Encarnación hay tumulto. Unos grupos gritan y amenazan en torno a unos carros cargados de verduras. Antes hemos visto a las puertas del ayuntamiento un conato de motín de mujeres. Doscientas o trescientas envueltas en pobres vestidos obscuros.

—Es que van a desempeñar ropas, y solo desempeña el Ayuntamiento las papeletas menores de cinco pesetas.

—¿Todas?

—No. Creo que hacen un sorteo.

Crece el tumulto en el mercado de la Encarnación. Suenan unos tiros.

—Los hortelanos adscritos a la CNT —nos dicen— quieren descargar sus verduras. El Sindicato del Transporte, que es comunista, quiere que lo hagan sus afiliados.

—Se matan entre sí —dice «Manué»— por trabajar.

«Manué» no sabe que el trabajo es hoy política. Que lo será ya siempre.

Es de noche. El barrio de Santa Cruz es poético, artístico y literario. Es verdad. Sobre todo, a estas horas. Podíamos ir a verlo. Pero dos horas y media de vuelo a mil o mil setecientos metros, con nubes y viento contrario, dejan los nervios en una disposición mejor para dormir que para andar callejuelas. Además, mañana, a primera hora, hay que ir más al sur. Donde ahora suena la tormenta.

Segunda jornada.—Blanco y verde bajo la lluvia.

A media mañana llegamos a Medina Sidonia. Sidón con los fenicios. Asidonia con los romanos y los visigodos. Medina Sidonia con los moros del albornoz y con los del calañés. Y siempre la ciudad blanca y verde. Entramos con pasmo. Con la sorpresa del hombre del norte acostumbrado a grises y al verde obscuro de la encina. Imposible ponerlo todo en estas líneas al azar y bajo la esfera del reloj impasible. La ciudad es limpia, blanca y parece recién estrenada. Tiene una novedad, una infantilidad de dos mil quinientos años. Llegamos por milagro del avión con tres días de ventaja. Vamos a presenciar en Casas Viejas —que también se llama Benalup— los sucesos que, según nos decían en Madrid, habían ocurrido ya. Vamos con tres días de ventaja. Vamos a revivir esos tres días. Esos juegos con el tiempo, aquí, en este pueblo, donde no llueve agua —un agua vulgar, de charcos—, sino agua bendita para los duques y agua de colonia para María Mármol, son muy fáciles. A la noche iremos a Benalup. Pasado mañana van a producirse en Benalup (Casas Viejas) terribles sucesos. ¿Cuáles? ¿Por qué? Bajo la lluvia vamos enterándonos en

Medina Sidonia de que el feudalismo agrario andaluz está hoy como hace ocho siglos. Bajo ese régimen bárbaro, la política del paria era el asalto, el robo, la violación. Después —en la era de los bandidos—, el trabucazo. La política del obrero del campo, más hambriento hoy que en el siglo XV y tan separado y alejado del bienestar y de la relación con los poderosos como entonces, no puede ser otra. Las autoridades republicanas pensarán lo que quieran o lo que de buena fe les dicte una experiencia incompleta. La verdad es esa. Medina Sidonia es la sede de un magnífico señor que ha dilatado su jardín, su alcoba, sus cristales y porcelanas por una extensión de tres kilómetros cuadrados. Todo es limpio, diáfano, cuidado con esmero. Todo es radiante y luminoso. La luz no cae diluida en la lluvia, sino que surge del suelo y de las paredes. Tal cual cenefa verde le da alegría. Todo esto es bárbaramente hermoso. La lluvia no lo es. Es un asperges episcopal o una ducha de agua de rosas para la espalda turgente de María Mármol.

—Ahí la tiene usté —nos dice una mozuela de diez años—. Siempre quieta, aguardando ar novio.

Es una graciosa estatua en mármol romano que se halla en la esquina trunca de la iglesia, sobre la columna románica de piedra. Blanco detrás, encima, a los costados. María Mármol. Todo el mundo la conoce como tal María Mármol. Serena, inexpresiva y enigmática. Cabeza pequeña sobre los pliegues de la túnica. Quizá lleva en los ojos vacíos el designio oculto que pretende llevar en los suyos negros y vivaces una muchacha a quien hemos visto salir de los sindicatos, subir por la calle principal y detenerse bajo María Mármol. Sabemos quién es. Lo sabemos a medias. Es morena y menuda, vivaracha, y tiene una belleza tostada que compite ventajosamente con la escultura rosácea de María Mármol.

Sobre la una y la otra cae la misma lluvia del sur pulverizada por un cielo esmerilado. La misma lluvia pone iguales espejeos en las mejillas de las dos. La chiquilla morena ríe a carcajadas. Por la barbilla le resbala una gota de agua.

—¡Pues claro que voy a Casas Viejas! Allí y aquí los compañeros no se puen quitar el hambre de la boca a puñaos.

—Pero ¿no hay trabajo?

Vuelve a reír y se despide:

—Hay trabajos, sí, señó. Trabajos y amarguras.

Un incidente en la fonda y paréntesis.—Los tres «procedimientos».—¿Y obreros? Obreros no hay.

Interrumpimos esta crónica un instante para atender a una muchacha que se acerca al teléfono de la fonda y habla. Solo pronuncia la mitad de las sílabas, y su acento es de una musicalidad extraordinaria.

—¿Eh? ¡Oigasté! ¿Es los hermanos Quintero? ¡A vé! Que se ha roto un cristá.

No oímos la respuesta. La chica continúa:

—Sí, señó. Que vengan los hermanos Quintero a poné un cristá.

Luego deja el teléfono y se va hacia dentro. Muy bien. Los hermanos Quintero, cristaleros de Medina Sidonia, serán unos inteligentes y honestos operarios. Pero los cristales de esta ciudad, si los ponen los hermanos Quintero, no dejarán pasar sino miradas tiernas, suspiros y atardeceres color rosa. Si los hermanos Quintero ponen aquí los cristales, ¿cómo vamos a protestar de tal o cual pedrada? ¡Señor, señor!

Nos disponemos a continuar la crónica, pero ahora resulta que hay que ampliar y extender el paréntesis, porque entran al vestíbulo dos señores. Uno es alto y grave. El otro, pequeño y de ojos suspicaces.

—Pues no hay más remedio —va diciendo el mayor—. Contra las extralimitaciones de los campesinos tenemos tres procedimientos; el civil, por levantamiento; el militar, por ataque a fuerza armada, y el gubernativo.

—¿El gubernativo? —pregunta el pequeño.

Le contesta gravemente su compañero, cerrando el puño en el aire y haciendo ademán de dar vuelta a una llave:

—Sí, hombre. La trinca.

Estos no son funcionarios de ninguna clase. Son administradores de los cuatro señores que dominan estas cincuenta y cuatro mil hectáreas incultas, sembradas de boñigas de cabestro. Lo dicen porque corren rumores de que...

La ciudad no tiene obreros. ¿Dónde están los obreros? Ya hemos dicho que tiene la ciudad lujos e insolencias de bienestar poco propicios para que los holle la alpargata podrida, la cara sin afeitar del bracero, la colilla del hambriento. Más adelante, en la plaza, vemos, bajo los soportales del ayuntamiento, hasta trescientos hombres apiñados a resguardo de la lluvia. Las ropas mojadas se pudren con el calor febril del hambre. Bajo los arcos huele a enfermedad. Esperan dos o tres horas a que suene su nombre y asome por una ventana el brazo uniformado de un guardia con un papelillo en la mano. Reciben un bono que les permite adquirir una peseta de víveres. Lo pagan los terratenientes y los comerciantes en un impuesto. Claro es que luego estos lo cobran con creces al venderles artículos caros y malos. Algunos de estos obreros tienen que sostener a ocho o diez de familia. ¿Con qué? En una tienda señalamos un pan de kilo y medio, que es el tipo de fabricación de aquí.

—¿Cuánto vale esto?

—Noventisinco séntimos, señor.

¿Qué van a hacer aquí los obreros? Los que pueden se van. ¿Adónde? Las leyes españolas les impiden trabajar en otra parte, y las de los países vecinos les prohíben la entrada. Y, sin embargo, algunos se van, nadie sabe adónde. Los que no pueden, ¿qué hacen? Desde Sevilla hemos visto muy pocos trabajadores en el campo. Todo está inculto. Desde Jerez no hemos visto, a lo largo de treinta y cinco kilómetros, ni un solo labriego. Ni en el camino ni en los campos.

—Donde hay más trabajadores —nos dice un muchacho— es en Benalup.

Ya sabemos que Benalup es Casas Viejas.

—Allí —dice— están peó que aquí. Siquiera aquí no les falta esa poquedá del bono. En Casas Viejas, el bono lo dan de tarde en tarde, y pa cogerlo tienen que ir los jornaleros a la iglesia a aguantar un sermón del cura. Algunos prefieren no ir y pasá hambre.

Puede que vaya a ocurrir algo, pero María Mármol no dice nada.

Hay rumores, es verdad. Pero también es verdad —y los madrileños y los corros de los cafés no saben bien hasta qué punto eso es verdad— que hay hambre. Hambre negra, solitaria, en medio de una tierra feraz y de un clima suave. En naturalezas fuertes, condenadas a la desolación. ¿Democracia? Eso es cosa de las tertulias y de los diarios del corro, que no llega aquí, y que si llega viene envuelta en papel sellado y atada con balduque. No sale de los archivos. Estos hombres están condenados, como en ninguna otra región de España, a la huraña, al aislamiento, a una triste soledad con su miseria. Los que hemos vivido en el campo de Aragón o de Cataluña no acabamos de comprender esto. Es un chico de dieciocho años quien nos ha dicho, mirando a otra parte:

—¿Que si hay hambre aquí?

No ha dicho más, pero basta con ver los ojos de rencor con que mira a los funcionarios, a los administradores, a todos los que tienen aspecto sano y satisfecho. ¿Que si hay hambre aquí?

De propagandas rojas o de delitos comunes hay hombres siempre en la cárcel. Hombres y mujeres, porque aquí, en el campo andaluz, si no la igualdad de derechos, por lo menos la de necesidades y apremios hace tiempo que es un hecho entre hombres y mujeres. Trabajan juntos. Sudan sobre la tierra cuando pueden alcanzar esa oportunidad, que siempre o casi siempre les huye. Y además, ellas son gracia y juventud. Y compañía. Y maternidad. Si llega el caso, la mujer, como el hombre, va a la cárcel. En la de Medina Sidonia hay presos. Si los sucesos que la alarma de los propietarios anuncia se confirman, habrá más. Un guardián, que huele a vino y que no disimula su embriaguez, presume con la mano en el anca:

—Es una cárcel muy buena. Tenemos hasta nueve celdas para incomunicados, y luego muchísimas más pa los otros.

La cárcel da a oriente, cara a Ronda y a Marbella, y está disimulada en las afueras. Será muy buena cárcel, pero estando a la vista rompería esa armonía, de la que es suprema emperatriz María Mármol. Tampoco los obreros están a la vista. Van con su bono a las miserables viviendas, donde se hacinan entre harapos. El rostro de María Mármol no dice nada. Está estilizado en la frialdad por la gracia y la alegría de vivir de muchos siglos. Se sustenta en la columna románica que vino después de Constantino, cuando la Iglesia y los señores de horca y cuchillo hacían ermitas y castillos. La cara de estos campesinos está estilizada en el odio. No por la gracia reposada de la hartura, sino por el aguijón del hambre, del rencor, sentidos y resentidos tantos años.

Puede que vaya a pasar algo. Por si acaso, mañana iremos a Benalup. Aquí no se sabe si se atreverán a levantarse contra Medina Sidonia. Allá es otra Medina. Es otra ciudad. Es Medina Celi. Ciudad del Cielo. Feudo hoy y ayer de una sola familia que no cuenta con esa imagen de María Mármol pagana, divina en el mármol de los siglos, sino quizá con una virgen también pagana y en rebeldía. Aquí hicieron suyo el espíritu de la tierra. Allá creo que se les va a sublevar. Hay muchos indicios. Vamos a la tierra de Medina Celi —a la ciudad del cielo— a ver hasta qué punto los nervios están justificados. Nos llevaremos allá el perfil hosco de los «parados» de Medina Sidonia. La imagen del hambre, que aún no se ha hecho mármol en la esquina de ninguna iglesia. Es cierta la miseria. Es verdad el hambre y el odio. Habría que asomarse a la gran ciudad indiferente y gritarlo. Quisiera no haber usado nunca esas palabras —hambre y miseria— para que ahora tuvieran más fuerza. Aquí conviven inexplicablemente, sin contacto ninguno, sin relación civilizada, esos hombres con los otros. Los rumores están tan justificados como los que en Oriente, por ejemplo, escalofrían a árabes y judíos, a turcos y armenios, de vez en cuando. Razas que no se entienden y que cuando tienen que decirse algo lo hacen a tiros. Puede ser todo. María Mármol podría ser también la intérprete entre los dos bandos. El punto de armonía. Pero solo se la comprende cuando se tiene el estómago lleno.

Un compañero, con el que celebramos haber coincidido en el viaje, nos dice cuando volvemos a la fonda:

—Después de ver a estos hombres, da vergüenza comer.

Las casas viejas y las nuevas casas de Benalup.—Se oye el mar, como en Marruecos.—También, como allí...

Nadie diría que en Casas Viejas pueda suceder nada. Por lo menos, los que están acostumbrados a la vida de la campiña andaluza, que aquí —en el sector triangular que podríamos formar tirando tres rayas entre Jerez, Algeciras y Marbella— no es tal campiña, sino monte. Tampoco monte bravo, sino pacífico, verde y tierno, alambrado y roturado para dehesas bravas y señoríos. Un poeta andaluz cuyo nombre no recordamos —quizá Mateos— se quejaba de que le hayan «robado los campos al caminito». Con ese aire decadente de la lírica andaluza —así y todo—, es verdad. La impresión entre Jerez y Algeciras es esa. No es campiña como en Valencia y Aragón, y mucho menos como en Galicia, aunque las tierras que hemos visto de Jerez a Medina son tierras fértiles, tierras de primera, como dirían los técnicos y como dicen también los campesinos.

Los que están acostumbrados a la vida de estos lugares de maldición, los que hablan y andan con el ritmo y con el acento «de acá», no podían prever nada de lo que en Casas Viejas iba a suceder. Y, sin embargo, para un forastero es posible todo sin más que escuchar a unas cuantas personas. A tres de las que hablan recio y a otras tres de las que hablan quedo. Porque el problema andaluz trasciende a todos los detalles, hasta a los más nimios. En Casas Viejas, como en el resto de Andalucía, hablan recio los que comen. Hablan quedo los hambrientos. Así es de terriblemente simple la cuestión. Pero observemos también que el hambriento de Andalucía no es como el de Castilla o el del norte. No es un ser reflexivo que busca salidas ingeniosas para ir malviviendo. Que «se las apaña» como puede. Aquí no puede de ninguna manera. Hay un hambre que no es ya humana, ni ciudadana. Un hambre cetrina y rencorosa, de perro vagabundo.

Cuando un campesino se siente vecino de un pueblo, vecino con vecindad de otros campesinos; cuando es habitante de un pueblo, cuando tiene algo suyo y propio, siquiera esa mínima parte de propiedad por donde identificarle que se llama casa, hogar, el hambre es todavía humana y permite recursos e ingeniosidades. Eso se ve en muchas regiones españolas. Pero en Casas Viejas no hay casas viejas ni nuevas. Centenares de obreros —y el pueblo es muy pequeño—, cuando llegaron a la mayor edad y se separaron de sus padres, construyeron cerca de la de ellos su choza, con la mujer. Las casas viejas de los padres aún tenían alguna fábrica, alguna estructura. Las de estos centenares de obreros que se la han construido últimamente y la de algunos viejos campesinos, como el Seisdedos, no puede llamarse «casa», sino guarida. Las «isbas» que los novelistas rusos describen cuando quieren presentar un cuadro sobrecogedor de miseria, resultan palacios al lado de estas casas —viejas o nuevas— de Benalup. Figuraos el recinto de una tienda de campaña. Un círculo o un cuadrado con tres metros de diámetro o de diagonal. Cavada la tierra, para ahorrar paredes porque cuesta dinero la piedra, y no digamos el ladrillo. Cuando el amplio hoyo alcanza la profundidad de un metro, termina la primera parte de la tarea y comienza la segunda, que consiste en amasar la tierra extraída con agua, y con el barro ligar un trenzado de ramas secas alrededor del hoyo. Las ramas se juntan por arriba y la casa está construida. No diremos que no las haya más complicadas. Hay quienes han construido sobre el suelo una cerca de piedra que a veces alcanza la altura de un metro. Como han socavado otro metro la habitación, tiene ya dos de altura. Sin contar con que las ramas secas, agrupadas en cono sobre la cerca, pueden alcanzar en su cúspide hasta un metro más.

Así habrán logrado —como hizo el setentón Seisdedos— una choza cuadrangular de tres metros de lado y otros tres de altura. Claro es que este género de viviendas es muy frágil. Se las puede llevar el viento. Para evitarlo, están construidas en la parte oeste de una colina, a resguardo del levante. Hay, además, unos altozanos erizados de espesas chumberas que las protegen. Se dirá que un chubasco puede inundarlas: pero los vecinos de Casas Viejas no podían menos de demostrar el mismo ingenio que algunos animales, y han trazado sus chozas lejos de valles y hondonadas: en una escarpada torrentera. El pueblo de Casas Viejas es eso. Tiene más de cuatrocientas viviendas —viejas o nuevas— que muchos animales, más exigentes, desdeñarían. Claro que eso no es todo. El centro del pueblo lo constituye una plazuela rodeada de edificios casi suntuosos: la iglesia, la casa cuartel y cuatro viviendas particulares. Ah, y la fonda donde tuvimos oportunidad de hospedarnos. También hay una calle donde una docena de familias —nada tienen; pero comen todos los días aún no se sabe por qué— poseen casas encaladas, con cerradura en la puerta y alero. La masa de la población la constituyen varios centenares de obreros que viven como hemos dicho. Discurren en corros o se sientan al sol, sin hablar. Es curioso cómo transcurre a veces una hora sin que digan nada. Cuando hablan, susurran. Como ya lo saben, cuando alguien mueve los labios unen el hombro y arriman la oreja. A veces se pasan una mano sobre la otra y tosen. Siempre al lado del hambre la tuberculosis. Y así todos los días, desde el otoño, más aún, como nos decía un joven sobrino de Seisdedos:

—Desde que dejamos las hoses.

De algo tienen que vivir, es claro. Cazan cuando pueden lo que se deja cazar: un zorro, un conejo. Con los jornales del corto estiaje compran pólvora y cartuchos para el largo invierno. Cuando no hay caza y el hambre aprieta... Pero dejemos estas notas para luego. Las cuatro familias a que antes aludíamos viven entre la iglesia y la casa cuartel y son la ciudadela de una fortificación. Los demás son la población sometida y tributaria. Como en Marruecos, viven entre chumberas, hacinados bajo el seco ramaje. Trabajan solo una corta temporada en verano. El servicio militar es para muchos el recuerdo de un tiempo en que se comía dos veces por día. En cuanto a la ropa, hemos visto a un anciano vestir, hecha harapos, la guerrera militar de rayadillo con la que lo licenciaron en 1898. Como en Marruecos, los hombres son taciturnos y secos y tienen un rudimentario sentido filosófico que les hace ver en el hambre algo natural que va con la vida, como el sentido de la vista o el del tacto. Como en Marruecos, finalmente, en esta tierra se siente cerca el mar.

Claro es que el hambre enloquece. Hay centenares de hombres en ese y en otros pueblos de la provincia locos de hambre. Y algunas familias, en cada uno de ellos, locas de miedo. Entretanto, la Guardia Civil, mirando con un ojo a los propietarios y con otro a los campesinos, ejerce un protectorado civil o una dictadura despótica, según los casos. Serán diversos, o quizá no lo sean tanto, los sentimientos que la Guardia Civil inspira por aquí; pero es muy elocuente que quinientos obreros hablen de la casa cuartel como de un lugar donde hay pan y vestidos abundantes. Donde entra cada mes «una fortuna» para pagar a los guardias. En líneas generales, el aspecto de la vida en Casas Viejas es ese. ¿Monarquía? ¿República? Hambre por un lado, miedo por otro. La Guardia Civil, que ejerce protectorado civil, según dicen los propietarios; tiranía y despotismo, según los campesinos.

El bandidaje y la lucha social en Andalucía.—Prevenir, precaver, presentir y prever son muchos verbos para un subsidio tan escaso.

Recordamos que la noche anterior, mientras reparaba el chófer una avería, se acercó una pareja de la Guardia Civil. Hacía mucho frío. A los lados del camino, el alambre espinoso cerraba la ruta. Las vacadas de reses de lidia campaban por allá en una extensión de más de 80.000 hectáreas. Se oían en la noche mugidos lejanos. Los guardias fumaban a la luz de los faros y escuchaban en las sombras:

—Están los toros agitaos.

Alguien preguntó por qué no los recogían. Uno de los guardias dijo que no había que recogerlos, y que eran día y noche, durante meses y años, los dueños de millares de hectáreas. Es así como se cría la sangre de lidia. Los mugidos se oían más cerca. Escuchaban los guardias con escama.

—Es que riñen —dijo uno.

—Anda a separarlos —bromeó el otro.

—A veces rompen el alambre y salen al camino.

Estaban temerosos. Hablaron de que hacía falta ser muy hombre para saltar aquella cerca por la noche.

—Y, sin embargo —añadió uno, colgándose el fusil—,

anoche entraron ahí y mataron una vaca. Las vacas son más bravas aún que los toros. La mataron y la descuartizaron. Se llevaron la carne y dejaron los huesos y la cuerna mondos. No crea usted que eso es tan fácil.

Ya está visto que hay hambre cuando se es capaz de correr esos riesgos. Y se puede juzgar la escasez de la carne, de cualquier género de alimentos, cuando se van a buscar lejos, en la noche, junto a la muerte que puede llegar en un tiro o en una cornada. Los que robaron la carne de la vaca tuvieron que luchar seguramente con la fiera. Venció el hambre. Se podrá pensar que estos hombres pudieron buscar otros expedientes; pero solo andando paso a paso por Andalucía, viendo el abismo que separa a las dos clases y la inexistencia total de la pequeña burguesía en muchas zonas como esta de Medina Sidonia; solo observando hasta qué punto el individualismo árabe se une con el egoísmo burgués en los propietarios, se puede comprender que el hambre lleva consigo aquí la desesperación, sin horizonte alguno, y significa el heroísmo hasta matar o hasta morir. El bandidaje clásico andaluz tiene por esa razón un valor considerable en la historia de la lucha social. Era el chófer quien, en el camino de Medina, nos señaló un cerro con la mano:

—Mirusté ahí. ¿Ustés habéis oído hablá de Diego Corrientes? Pues ahí tenía er castillo.

Y luego añadió:

—Es el que robaba a los ricos y protegía a los pobres. ¡Según dicen!

Antes de venir a Casas Viejas me parecía absurda esa leyenda de los salteadores humanitarios. Hoy la considero como un fenómeno obligado, dentro de las circunstancias feudales que subsisten en el régimen de la economía agraria andaluza. Y dentro de la total ineducación política del jornalero y de su natural individualismo. Cada individuo que se sienta capaz intentará hacer su revolución. Cada aldea, cada pueblo que tenga armas y recias hambres, querrá su comunismo libertario. Y si falla, los más audaces intentarán repetir las aventuras del Pernales o del Vivillo. Aunque otra cosa se pueda creer, no habiendo conocido de cerca la cuestión, toda la caterva de bandidos andaluces que conocemos por las crónicas o las leyendas, constituyen otras tantas consecuencias políticas de un estado de cosas bastante generalizado en el campo español, pero mucho más agudizado en Andalucía. No olvidar que cuando se habla en Casas Viejas de «comunismo libertario» todos entienden que se trata de poner en cultivo 33.000 hectáreas de buena tierra.

Para evitar el levantamiento de esos centenares de hombres existe el subsidio. Lo que todos los obreros llaman —sin intención política, sin sarcasmo— la limosna. «Nos van a dar la limosna.» «Vamos a recibir la limosna.» El subsidio les permite hacer sopas de pan una vez al día si la familia no es muy numerosa. El pan aquí vale cinco céntimos menos que en Medina: 0,90 el kilo y medio, que venden en una sola pieza. Vestido, alumbrado, calefacción, nulos. Cuatrocientas, quinientas familias en esas condiciones, a la hora de la revolución social, que creen llegada, matan o mueren pensando en el comunismo libertario que les permitirá poner en cultivo 33.000 hectáreas. El campo les espera hace muchos siglos y son muchas las generaciones que han sufrido hambre y que han languidecido y muerto

sin poder arañarle las entrañas. El subsidio —la limosna— no hace sino arrebatarles a los campesinos lo
único que les quedaba: la dignidad de su trabajo y de su
jornal.

—Aquí me tiene usté tó er día —me decía un joven,
envejecido precozmente—. Acurrucao en esta esquina.
¿Me dirá usté qué hago? Ganando el jorná.

Reía con sarcasmo, burlándose de sí mismo. Malo es
que un hombre joven, que no sabe leer ni escribir, que
tiene hambre y ganas de trabajar, se ría de sí mismo.

El Sindicato.—El Comité.—«Subí a la loma y mira si andan los trenes».—El viejo come demasiado.

Todavía no hemos entrado en la vida de la aldea sino a grandes rasgos; pero ya se ve que las circunstancias económicas hacen de ella un pueblo rojo. Blanco en los costados de las chozas, en una parte del pavimento, en el interior. El ramaje seco es blanco. Todo blanco, menos el verde obscuro de las chumberas silvestres, fruto de una tierra violenta y áspera. Y rojo en la escondida conciencia de los jornaleros que constituyen el Sindicato de Campesinos, afecto a la CNT. El sindicato tiene una casita de una planta, toda blanca, en lugar bastante céntrico. La casa, una pequeña puerta. Junto a ella hay un corro de campesinos. Tienen actitudes violentas, pero extáticas, como si se hubieran quedado petrificados en la mitad de un gesto. Hablan bajo, no sé si porque no quieren o porque no pueden gritar más. El hambriento tiene la voz opaca del sordo. Hay el peso de la tarde y de la mañana y la noche sin objeto, sin trabajo, sin horizontes. Para moverse y dar dos pasos, cualquiera de ellos necesita convencer antes a todos, con sus movimientos, de la inutilidad de lo que va a hacer.

Uno se asoma y pregunta:

—¿Y el Comité? ¡A vé! Uno que avise a los compañeros.

Salen dos calle arriba. Uno tuerce hacia la plaza y el otro sube casi trepando por la pelada torrentera donde comienzan las chozas. Hay animación. La callejuela está cortada aquí y allá por las torrenteras que bajan por la colina. Como las casas son muy bajas, desde la puerta del sindicato se ve, monte arriba, el final del pueblo, las chozas últimas, la comba verde desde donde se puede ver salir el sol casi del mismo mar. Hacia abajo, el pueblo adquiere solemnidad de repente con los cuatro o cinco edificios de la plaza —¡hay uno que tiene dos pisos!— y con la iglesia, y otra vez se desperdiga en cercas de barro y ramaje seco. Entre esos hombres que no tienen propiedades, pero que tampoco tienen hambre, y que hablan recio a los obreros y flojo a los terratenientes, anda la sombra de Medinaceli, cuyo latifundio está en el plan de expropiaciones de la Reforma Agraria. Entre ellos no hay grandes dificultades. Viven, si no alegres y felices —no hemos visto aún sino un rostro satisfecho, y fue en Medina Sidonia, y no pudimos comprobar si se sentía feliz, porque era sordomudo y tonto—, viven en un equilibrio verdaderamente heroico, entre el odio de la mayor parte de los trabajadores y el desdén de los propietarios.

El Comité del Sindicato es su obsesión, porque los individuos que lo forman dan a veces la impresión de que tienen cierta autoridad, y es una autoridad que ellos no se explican, porque no viene de Medina Sidonia, ni mucho menos de Cádiz, ni de Madrid, y carece de uniforme y de señales exteriores. ¿Quiénes forman el Comité? Uno de ellos es Curro Cruz, a quien conocen con el apodo de *Seisdedos*, que responde a un defecto físico. Es un viejo de setenta años que lleva siempre papeles impresos en el bolsillo y que ahora, al llegar al sindicato, levanta con dificultad la cabeza para mirar un larguero de madera que sobresale del tejado del edificio, sobre la puerta. Ese pedazo de madera tiene en un costado un clavo con un aislador de porcelana y sostiene un hilo de la línea que da luz al pueblo. El viejo habla con acento vacilante, pero enérgico:

—¡A vé, Perico! ¿Ondestá Perico?

Sale del local un hombre de treinta y ocho años. Es uno de sus hijos.

—Hay que clavá ahí un palo, pa que la bandera asome arta.

Luego entra en el local; pero sale otra vez y pregunta por Josefa, su nuera. Es Josefa Franco, menuda y vivaracha. Tendrá treinta y cinco años y es viuda de un hijo del anciano.

—Tú que ves mejó sube arriba y mira a vé si corre er tren. Hoy hase claro y se verá. En tó er día no se ha sentío, pero no hay que fiarse, porque viene el aire en contra.

Luego entra y los pocos que quedaban fuera le siguen. La tarde es tranquila y diáfana. Llega de la plaza, a través de la vidriera policroma de una cancela, música de gramófono. También el ruido del motor arcaico de la tahona —chas-chas-chas— que a cierta distancia parece el acompañamiento de una *jazz-band*.

Josefa Franco llega arriba cuando asoma en la calle un viejo encorvado y lloroso. Le sigue una mujer enlutada. El aspecto de los dos es bien miserable. La mujer representa unos treinta años y le va siguiendo y gritando

atropelladamente injurias e insultos. El viejo anda tra-
bajosamente. Un joven se dirige a la mujer:

—Cállate la boca. Ya está bueno, mujé. ¿Qué te ha
hecho el abuelo?

Ahora es la mujer la que llora:

—Se ha comío el pan. Ha dejao sin comía a mis hijos.
¡Si se muriera de una vé!

El viejo, seco y encorvado, ha desaparecido hacia la
plaza. Es ese el que lleva hecha harapos la guerrera de
rayadillo de 1898.

Los Libertarios.—Opinión del viejo Seisdedos sobre el origen feudal de la propiedad.—Su nieta Mariquilla.

El jefe de la familia de los Libertarios es el Seisdedos, a quien estiman y quieren porque tiene un natural pacífico y honrado. El viejo tiene varios hijos. Uno, casado. Dos, solteros. Tiene también una nuera viuda y todavía joven. A todos ellos los llaman los Libertarios. Seisdedos lo había sido siempre. Al llamarles libertarios no los calificaban políticamente. Simplemente los nombraban, como a otros les decían los Zumagueros y a otros los Gallinitos. Eran muchos los jornaleros que no sabían qué era eso de «libertario» y hasta algún jovenzuelo de las casas pudientes que pasaba por culto. Eso vino después. Al hablar con la gente del pueblo estos días son muchos los que nos dicen de la familia de los Libertarios:

—Era la familia más honrá del pueblo.

El viejo Seisdedos era segador en verano, iba a la aceituna en invierno, haciendo largos viajes, a veces para trabajar durante dos meses por la comida y dos reales. A los que no querían hacer ese trato les daban el importe de la comida en metálico. Les daban un real. En total, tres reales diarios trabajando de sol a sol. Esto era hace años. Últimamente, las cosas estaban mejor; pero como en Casas Viejas no hay aceituna y los obreros de un término municipal no pueden trasladarse a otro —acuerdo de los socialistas, que estaría bien si no fuera de un simplismo absurdo—, los jornales modernos de la aceituna —hasta 6,50— no los conocían. En verano segaba bajo el sol, primero solo, con los compañeros. Después, al lado de sus hijos, en las peonadas épicas. Luego, entre máquinas y aperos. Los jornales de la siega subían; pero cuando alcanzaban un punto remunerador con el cual era posible ya el invierno con mantas y pan, llegaba la máquina. El propietario hacía cuentas, veía que si compraba dos segadoras las amortizaba en un solo verano, y al llegar junio las máquinas invadían el campo. El Seisdedos quedaba sorprendido por la infalibilidad de aquella oculta sabiduría que disponía que nunca pudiera ganar un jornal decente. Competir con la máquina en resistencia y en cantidad de trabajo era imposible. Esa oculta ley que no venía siquiera de los gobiernos, sino de las cosas —la máquina, siempre la máquina—, le fue reduciendo a la vida de Casas Viejas. Y, además, los años. La ley que le impedía ir últimamente a trabajar «donde lo hubiera», confinó a él y a otros muchos todo el invierno en un pueblo sin vida.

El Seisdedos había leído en cierta ocasión un periódico y un folleto donde le hablaban de tierra, de derechos y de libertad. No es preciso explicar el proceso psicológico de su conversión a las ideas libertarias. Nadie necesitará que se lo aclaren. El Seisdedos comunicó aquellos conocimientos a sus hijos y a sus nietos. Pronto fueron la familia de los Libertarios. Les gustaba, aparte de la solidez de sus convicciones —que son

más sólidas cuando detrás hay una necesidad y un instinto—, aquel apodo que significaba, no una peculiari-
dad física, un defecto o una deformidad, sino una doc-
trina y un credo. El libertario no se conducía como un
fanático. Discutía con los patronos y administradores
en nombre de sus compañeros, regateaba para sacar un
real más de jornal, y, a pesar de esto, patronos y administradores reconocían que «se podía tratar con él»,
que era razonable y, sobre todo, que trabajaba y hacía
trabajar a los compañeros muy bien. Era un hombre
formal.

A veces bromeaba con los suyos sobre las mismas
cuestiones ideológicas. Solía decir a los campesinos del
sindicato:

—¿No sabéis cómo ha sido eso de que unos sean ricos
y otros pobres?

Y repetía, ya un poco maniático —los años—, su versión, que todos conocían:

—Al prinsipio, tó era de nadie. Uno que tenía una jaca
ligera salió al campo y cortó tierra. Otro que solo tenía
un caballejo, cortó menos, pero también argo. Luego
salieron seis u ocho a pie. Pero nuestros pobres agüelos
eran baldaos.

Se refería a Casas Viejas. A la propiedad en el pueblo.

—Este era entonse —solía decir— un pueblo de baldaos.

No pudieron los abuelos moverse de casa y se quedaron sin tierra unos setecientos hombres, de los cuales la
mayoría tuvieron hijos, que hoy han formado el sindicato.

El día 10 de enero, por la mañana, el Seisdedos repitió
su versión sobre el origen feudal de la propiedad, más

contento que otras veces. Le escuchaban los suyos y algunos vecinos, entre ellos Francisca Lago, que vivía en la choza inmediata y acababa de llegar con unos sobres dirigidos al sindicato. Dijo que se marchaba porque tenía que preparar la comida de cinco días para carbonear con su marido en la sierra. Iban a veces en grupo con otros. La comida para cinco días consistía en dos panes y una cantarilla con vino. Habían tenido que esperar diez días hasta ahorrar en monedas de diez céntimos el dinero necesario. La miseria hablaba en sus ropas, en sus ojos hundidos. Estaban pagando en pequeños plazos de veinte céntimos las botas que el marido llevaba. Ella calzaba unas alpargatas con remiendos de suela vieja y de saco. El viejo Seisdedos rompió los sobres y leyó para sí. La torrentera calva y pedregosa daba un blanco violento. En la calle ardían dos tochos y alrededor se agrupaban ocho o diez personas. Todos ellos vivían igual. Todos se quejaban de lo mismo. Cinco meses sin trabajo. Era una desgracia no poder ir a la «seituna». El Seisdedos se guardó los papeles, tosió y dijo lentamente:

—Me paece que se van a acabar pronto las limosnas.

Hubo caras de espanto. ¿Les quitarían aquel último recurso?

—Yo no he dicho eso —contestó Seisdedos a tres que le preguntaron a un tiempo—. Pero ya es hora de que se acaben de una vé.

Aquello tenía un sentido distinto. Una mozuela subía triscando. El viejo le preguntó con la mirada, y ella respondió:

—Josefa dise que no se ve er tren; pero yo lo he visto.

Los otros negaban. Mariquilla Silva, la nieta del Seisdedos, se encaró con ellos:

—¿Qué sabéis ustés? ¡Subir allá y está un rato a la mira!

Seisdedos sacó un papel impreso —una octavilla— que había llegado en el correo y se lo dio:

—Niña, no sabes lo que dises. Anda. Lee.

Mariquilla Silva leyó deletreando. Algunas palabras del léxico rebelde eran familiares y salían sin interrupción. El viejo motor de la tahona daba impasible su chas-chas. De aquel pan les llegaba a muchos de los que estaban escuchando solo el ruido, lo mismo que del otro motor que chascaba por la noche y que daba luz eléctrica a los que podían pagarla.

Los propietarios son monárquicos, pero no de cualquier monarquía.—La inseguridad del ganado.—La huelga y sus peligros.

Esas cuatro casas ricas no son tan fuertes como la del duque. Por eso están en el pueblo. Porque fuera de allí no podrían vivir. La culpa del paro la tiene, según ellos, la República. Sería más exacto decir que una de las crisis que determinaron aquella decisiva crisis de la monarquía era la del trabajo. Claro es que al sabotear la República por todos los procedimientos, la mayor parte de los grandes propietarios andaluces agravan la cuestión. Y aunque saben que el problema puede elegir sus víctimas entre ellos, que la provocación se puede volver contra el provocador, para esos casos confían en la Guardia Civil. Monarquía o República es cosa que en el campo andaluz tiene poquísima importancia.

El monarquismo de los grandes propietarios andaluces lo es no por reflexión ni por pasión política, sino por necesidad económica. Solo una monarquía —y no cualquiera, sino lo más absoluta posible— puede conservarles sus privilegios, defenderles sus propiedades, aceptar sin discusión la inviolabilidad de sus derechos. La Guardia Civil no es monárquica ni republicana, en Andalucía. Le basta su «espíritu de cuerpo» como satisfacción moral y como plano mental adonde acogerse en sus reflexiones, y le basta también, por otro lado, con el instinto de conservación para «sostener el orden», para la moral de la lucha. Claro es que en Andalucía la Guardia Civil está siempre alerta, y que en pago de sus desvelos, el gran propietario la deja campar y campear, le cede una parte de sus propios privilegios muy gustoso. El gran propietario tiene miedo en Andalucía. Cuando hace las cuentas del peonaje no mira a los obreros a la cara y cede a veces dando algo de más para sacárselos de delante. En las casas de los cuatro propietarios de Casas Viejas se reciben periódicos. Son siempre periódicos y revistas monárquicos que añoran el fascismo y claman por la restauración. No entran en el pueblo sino periódicos de esos y un par de diarios obreros revolucionarios. En las cuatro casas conocen la fuerza del Sindicato de Campesinos. La conocen bien porque hubo una ocasión de comprobarla. Saben que solo hay en el pueblo tres guardias y un sargento, y que en un caso de apuro podrían reunir hasta quince rifles más, haciendo que dispararan las mujeres. El sindicato es una organización sólida. No querían dar el socorro de paro; pero luego han accedido en vista de que los robos en los cortijos y los sacrificios de reses se sucedían. A propósito de esto conviene anotar que esos sacrificios no son ciertos sino a medias. Con las noticias que llegan a Madrid sobre ganados abandonados en caso de huelga vienen otras que hablan de reses con las patas cortadas, o degolladas y abandonadas. Se sacrifican reses, no como sabotaje, sino para comerlas en casos de verdadera miseria. Los propietarios venden sus ganados para ahorrarse cuidados; pero entonces aumenta, con pastores y gañanes parados, el número de los sin trabajo, y los propietarios tienen que aumentar sus cuotas de socorro. Estos no son sino pequeños aspectos de las dificultades y violencias en que se desenvuelve la economía agraria andaluza. Lo peor no es aun esa total inadaptabilidad del capital y el trabajo. Lo peor está en los factores de orden psicológico, que son creados por esa situación y que determinan un estado constante de alarma.

El propietario que carece de dinero en metálico y de quien le compre las tierras —algún caso de estos hay— se ve obligado a vivir en el pueblo sin otra convivencia que los que se encuentran en las mismas condiciones. En Casas Viejas son, como ya hemos dicho, muy pocos. Aquí, como en otros pueblos, ese aislamiento se lo procuraban ellos antes voluntariamente, porque era la manera de mantener, con las distancias, alguna autoridad. Estaba, además, neutralizado en cierto modo por la relación económica del trabajo en las fincas y en las cabañas. Pero una cosa es aislarse voluntariamente y otra que le aíslen a uno —piensan hoy—. La relación de trabajo ha desaparecido en muchas zonas por completo. Los rencores, los odios, con el hambre y la distancia aumentan. Es casi un héroe el propietario que se aventura a pasar entre dos grupos de parados en este pueblo de Casas Viejas. He aquí algunas de las frases que oyen y que tienen que «tragarse»:

—Buenas botas lleva; pero no le valdrán pa escapar.

—¡Necesita las bellotas pa él y pa su familia!

—¡Con una peseta de limosna, ya han cumplío!

Y entre dientes, palabras obscuras y palabras claras —«tiro», «cabeza», «ladrón»— y otras que se refieren a glándulas de virilidad y a fidelidad amorosa. Así un día y otro. En estas circunstancias, y en pueblos como este, donde el sindicato es poderoso, ya está dicho que una huelga de campesinos representa el anuncio de una catástrofe. No por la huelga en sí, que es imposible en un sindicato de parados, sino porque la huelga es la bandera y el toque de alarma. En lo único que económicamente se hace sentir una huelga en Casas Viejas es en la retirada de los pocos criados fijos que hay y en la de las sirvientas de todas clases. Hay detalles nimios que revelan hasta qué punto la sugestión de la «lucha de clases» domina a estos campesinos, la mayor parte de los cuales no distingue doctrinas opuestas y solo capta lo que el instinto le dice en cada caso. En la última y única huelga realizada aquí, las mujeres retiraron una nodriza de la casa donde servía. La nodriza pidió que la dejaran llevarse el niño consigo, y las mujeres consintieron. Pero después pensaron que el «servicio» de nodriza seguía prestándolo en su casa, y fueron a buscar el niño y lo devolvieron a sus padres. La madre protestaba.

—Es la huelga general —respondían ellas con una seguridad y un convencimiento muy elocuentes en mujeres que parece que debían decidir por lo sentimental.

El día 10 de enero, por la mañana, se hablaba en la plazuela de Casas Viejas de huelga general, con miedo. En lo alto de la torrentera que da acceso a casa del Seisdedos también se hablaba de lo mismo, pero con odio y rencor. Mariquilla había terminado de leer la octavilla impresa, y Josefa, la nuera del Seisdedos, rompía la faja de un periódico y lo desplegaba.

Un joven, Cristóbal Ruiz, el hijo del Tullido —su padre lo está de veras—, llegaba con un pequeño larguero de madera. Había que clavarlo en el poste de la luz para poner la bandera en lo alto. El Seisdedos se pasaba la mano por su barba gris de una semana y preguntaba con fruición:

—¿Tenéis ustés sorreras?

Lo que son las zorreras.—El hambre y el odio convocan a asamblea el día 10, por la tarde.

Zorreras llaman a los cartuchos de escopeta cargados con postas. Son, por lo general, tres balines bastante gruesos. Hay otros cartuchos que solo llevan un proyectil redondo y voluminoso. El hijo del Tullido y Seisdedos son los mejores tiradores. «Sin mover la pestaña.» A veces hay que esperar tres días para acertar a un zorro, de manera que no se pierda el tiro, que vale más de un real. No cargan sus cartuchos en el pueblo. Por lo general, los compran hechos. Hemos visto algunos, y tienen un taco transparente sobre la carga para saber si llevan bala o perdigón. Están correctamente fabricados. Estos hombres, que no poseen nada y que viven en la montaña, donde a veces se puede cazar, necesitan la escopeta para la invernada. Buenas escopetas de un cañón, de fuego central, que son la única propiedad, lo único susceptible de producirles la renta de un conejo, y quién sabe si hasta de un jabalí. Las cuidan con esmero. No le extraña a nadie ver a tres hombres sentados en la acera limpiando su escopeta, ni por la calle con el arma colgada o en la mano, el cuerpo escuálido y denegrido, la chaqueta harapienta cuarteada por el bolsillo de las zo-

rreras, que refuerzan con cuero o piel de conejo. Pero
seguramente coaccionan tanto esas escopetas a los habitantes de la plaza como a los de las chozas los máuseres.

A media tarde comenzó el trasiego de municiones y de
armas. El chico del Tullido había clavado, junto al poste
de la luz, sobre la puerta del sindicato, el larguero. En
el fondo de un cajón, debajo de un paquete de periódicos atrasados, esperaba la bandera roja y negra. El Seisdedos hablaba del comunismo libertario, y los del Comité, Antonio Barbera, Francisco Lago, Juan Grimaldi,
Rafael Mateo, Manuel Benítez y el Zumaguero, Balbino
Montiano, intervenían interrumpiendo o aclarando. Estaba obscureciendo. Todavía no había podido explicarse Seisdedos por qué circulaban los trenes. Se habían
reunido los del Comité, y olvidado ya ese asunto del
ferrocarril, se hablaba de armas, de municiones y también de la conveniencia de poner en cultivo inmediatamente las 33.000 hectáreas.

—Hay que labrarlo tó —decía Grimaldi agitando la
octavilla impresa.

Daban por resuelto el éxito. Tanto, que Benítez habló
de la conveniencia de proponer por las buenas a los
cuatro propietarios que se avinieran a sus deseos.

—No eres tú ni yo —decía—, sino tó el pueblo.

Aunque la reunión era solo del Comité, algo había en
el aire que fue convocando a todos los afiliados.

—Pero, ¿quién ha convocao? —preguntaba Seisdedos.

Estaba allí toda su familia. Josefa dijo:

—Nos convoca la mala sangre que nos ponen los de
abajo.

En este pueblo, «los de abajo» son los de la plaza, los

ricos. El local estaba poco después lleno. Hablaban los obreros entre sí de municiones y de armas. El Comité siguió deliberando en asamblea para todos. Intervenían aquí y allá. En este pueblo la proximidad de muchos hombres no les da un aire comunicativo, sino que les acentúa más la expresión concentrada y al mismo tiempo ausente. Cabezas descubiertas, algún sombrero ancho y muchas gorras. Rostros cetrinos y enjutos. Cuerpos desmedrados, entre los que a veces se encuentra el obeso enfermizo o el fuerte y alto esqueleto apenas cubierto de tierra rojiza y de harapos. Se hablaba de todo con desenfado. No llegaría a «los de abajo» la noticia de lo que trataran. Entre las chozas y las casas de la plaza hay abismos. Sonó una voz:

—¡No queremos más limosnas!

Rumores, voces:

—¡Huelga! ¡Huelga!

Oyéndolos hablar de huelga parece que trabajan todo el año. Pero ya sabemos lo que aquí es la huelga. Seisdedos hace callar extendiendo la mano.

—Hay una proposición.

La proposición es una pregunta. Y la pregunta la hacen cuatrocientos hombres que tienen armas y municiones y que no comen:

—¿Qué hasemos con la Guardia Siví y con los de abajo?

Dudas. Uno dice que lo que sea se hará. Que no hay que decirlo. Otro propone, oponiéndose a este, que se les ofrezca el ingreso en el sindicato como trabajadores, si quieren por las buenas entrar en el plan comunista. «Somos fuertes y no hay que abusar.» Seisdedos impone orden y hace leer la octavilla impresa. En ella se habla de la «necesidad de acabar con el régimen capitalista, al que afortunadamente quedan pocas horas de vida». Son palabras que en los medios proletarios de la ciudad tienen un valor y otro muy distinto entre los hambrientos campesinos de Casas Viejas. Seisdedos repite, obsesionado:

—¡Compañeros! ¡Se acabaron las limosnas!

—¡A labrarlo tó!

Gritan repitiendo estas dos consignas. La presión sube. Vuelve el de la «proposición»:

—¿Y bestias? ¿Dónde hay bestias pa labrarlo tó?

—Las comprará la comarcal.

Ya está resuelto. Seisdedos concreta:

—Hemos acordao ofreser a la considerasión de la asamblea que a la madrugada vaya el arcalde a convensé a la Guardia Siví a los de abajo. Pa evitá el derramamiento de sangre. Pero, de todas maneras, después de sená puen vení a buscar sorreras los que no tengan.

Fuera es de noche. Mariquilla Silva Cruz, *la Libertaria*, habla en la puerta con su novio, Manuel Cabanas, *el Gallinito*, que lleva un apodo verdaderamente injusto. También «Manué» —que no es precisamente el sevillano de Borrow— conserva puesta aún la guerrera del servicio militar, que hizo hace poco, y que no es ya de rayadillo. Entre los grupos dicen:

—¿Hay que vení después de sená? Entonse no me voy.

Para casi todos es ya «después de cenar», sin haber cenado.

La casa del Seisdedos después de cincuenta y cinco años de trabajo.

Desde el sindicato, el Seisdedos volvió con sus hijos Francisco y Pedro Cruz, de treinta y treinta y ocho años, a la choza. Detrás iban la nieta Mariquilla con Manuel. Iban también el padre de Mariquilla, José Silva, yerno del Seisdedos, la vecina Josefa Franco, otro vecino llamado Francisco Lago Gutiérrez, y su hija, Francisca Lago Estadillo, muchacha de dieciocho años. Esta y Mariquilla subían riendo y bromeando. La torrentera, pelada y blanca, se estrechaba o se abría entre cercas por donde a veces surgían los brazos de las chumberas. La luz eléctrica no llegaba tan alto. Habían quedado las dos últimas bombillas pegadas a dos esquinas más abajo. Hacía rato que iban subiendo en la obscuridad. No eran las sombras de la noche en el pueblo, sino del campo abierto, del monte, con ráfagas heladas. Esa noche del día 10 ha sido una de las más frías de este invierno en Andalucía. Un frío seco y cortante como el de Castilla. Abajo quedaba el pueblo en silencio. Serían las ocho de la noche. Les seguían las explosiones a compás del pobre motor de la plaza, cansado siempre y siempre en marcha. Los vecinos de Casas Viejas no conciben la noche sin ese motor, que se oye desde todas partes, y que es como el corazón del pueblo.

Iban cinco hombres y tres mujeres. El viejo Curro Cruz, el Seisdedos, no hablaba. Su hijo mayor, Pedro, tampoco. El otro, Francisco, era más locuaz y más joven. Las mujeres hacían cálculos de calderilla para el día siguiente, menos la pequeña Mariquilla, que iba con su novio, satisfecha de ver en todo el mundo una esperanza y una inquietud que por primera vez en la vida no era solo la esperanza de comer ni la inquietud de desagradar a los amos. Una esperanza con responsabilidades, creadora. Había algo nuevo en el pueblo, en la cara de todos, en la mirada de todos. Cuando el grupo llegó arriba, a la choza del Seisdedos, la obscuridad les impedía verse las caras. Entró Mariquilla y encendió luz. Fueron pasando, encorvados; bajaron los dos escalones abiertos en la tierra. Detrás del último chirriaron unas tablas flojas, mal ajustadas, que nunca se podían cerrar. Estaban en la casa del Seisdedos. En el repalmar de la cerca había una *gallisa* que daba un resplandor amarillento. En seguida se notó el olor del humo.

La casa la formaba una sola habitación con el piso de tierra. La techumbre, de paja y ramas secas, caía en forma cónica y la sostenían dos maderos en aspa y algunos listones, reforzando otros podridos por la lluvia. Por fuera tenía el techo un remiendo de lata y otro de hule, procedente, quizá, de la cuna de alguna casa y recogido de los vertederos. Son muchas las casas que hay aquí como la de Seisdedos. No se veía salida de humos. Luego vimos que no hacía falta. Dentro, la choza medía hasta cuatro metros de lado, y era cuadrada. Aunque parezca que no puede quedar espacio para dos habitaciones, lo cierto es que un pedazo de arpillera remendado con tela que un día pudo ser blanca y clavado en un larguero separaba un rincón donde había una cama de hierro. Era el lujo de la vivienda. Lo demás, pared monda. En una pequeña mesa de pino había un vaso de cinc con asa. Al pie, en el suelo, una lata abollada, de las de petróleo, con una cuerda de cáñamo entrecruzada con alambre. Sobre la mesa, y al lado del vaso de cinc, plomo de postas de caza. Colgadas de dos clavos sobre la pared, dos escopetas, una con la culata rajada. La pared medía dos metros de altura, de los cuales uno era de profundidad, respecto de la calle. Como no ligaban esas dos partes con exactitud, quedaba un pequeño saliente, donde había un retratito en marco de hojalata de la «vieja» —la difunta mujer del Seisdedos— y, al lado, un anaquel con su mantel blanco, en el cual se reconoce en seguida la pequeña toalla de los soldados en los cuarteles. Aquel mantelillo procedía de un hurto de Curro o de Pedro, cuando fueron soldados. También había una silla desfondada, erizada de paja por abajo, y dos taburetes, fabricado el uno con un tronco de encina o de alcornoque y el otro con una caja de embalaje. En una viga pegada al fondo había una piel de cabra con dos agujeros para pasar los brazos —una especie de chaleco de abrigo— y tres hoces en muy buen uso con la punta resguardada por una zoqueta de corcho.

Si queremos hacer un inventario minucioso habrá que añadir que había otra lata de las de petróleo debajo de la cama para casos de enfermedad, y una gamella de lata muy parecida a los platos de los soldados, quizá para lavarse. En el espacio libre entre los pies de la cama y el muro, un cajón con alguna ropa. Los cartuchos quemados de la caza los guardan y los vuelven a vender o hacen con el casquillo del fulminante botones o refuerzos para la punta de la vara. Las alpargatas podridas sirven de «burlete» en las junturas de la puerta, y los trozos de suela substituyen muy bien a un gozne de metal de un ventanuco o de la misma puerta.

La cama es el gran lujo del Seisdedos. El recinto estrecho donde aparece el túmulo de dos jergones de paja está comenzado a encalar. Hay paja también, amarilla y obscura a trozos, en el suelo. El viento hace crujir la techumbre y espolvorea de tierra la pequeña habitación. En esa cama nacieron Francisco, Pedro, José María y Francisca Cruz, hijos del Seisdedos. José murió joven, y su viuda —hambre y nervios en sus pocas carnes— habla ahora en el corro, que se ha agrupado con dificultad. No queda espacio para moverse. Dos periódicos de título inequívoco y una litografía en la pared, cerca de la *gallisa*, autorizan el apodo de la familia: los Libertarios.

La litografía representa un hombre desnudo, fuerte y sano, que golpea con un mazo una gran campana. En círculos se esparcen alrededor de la estampa las horas en alegoría: la de trabajar, la de amar, la de luchar por la idea, la de estudiar e instruirse. Al fondo, detrás y debajo de la gran campana, una multitud con banderas. Los hombres y las mujeres que aparecen en la litografía son colorados y fuertes. No hay en Casas Viejas un solo labriego que se pueda sentir fisiológicamente hermano de esos. El dibujante y el litógrafo eran optimistas pensando en el comunismo libertario. Seisdedos, que tantas veces ha contemplado esa estampa con melancolía, también lo es ahora, cuando Josefa Franco se lamenta de la suerte de las tres familias reunidas.

—Mañana será todo de tos.

¿Quién habla de comer esa noche? Pero, además, ¿dónde iban a hacer la comida? A la entrada, junto a la puerta, hay dos piedras requemadas y ahumadas. Antes comían caliente en dos épocas: en la «seituna» y en la siega. Ahora, desde que vino la República, solo en la siega. Y eso en las anchas cocinas de los cortijos, donde hay lo necesario para guisar. Aquí, para calentar agua y «migar pan negro», basta con esas piedras. Cuando llueve meten las piedras dentro de la choza, encienden fuego y dejan abierta la puerta para que salga el humo.

Seisdedos abre el cajón que se oculta a los pies de la cama y saca los cartuchos a puñados. Con las dos manos llenas se queda mirando la cama. Aparece con el rostro sombrío.

—¿Qué te pasa, Curro?

—¡Si viviera la vieja! Mañana va a haber pa tos, y la vieja no lo verá.

La «vieja» fue joven en aquella cama. Y murió también en ella. Los días que «hacía malo» no podían encender fuego porque el humo la ahogaba, y no podían cerrar la puerta porque necesitaba aire puro. La dejaban abierta. Claro que con el aire entraba «la helá».

Miedo en los «de abajo».—El guardia, el señor y el alcalde pedáneo.—Ayuntamiento, no hay.

La esperanza orientaba a los grupos de campesinos a través de la obscuridad. Iban a casa de Seisdedos. Volvían del sindicato. Se agrupaban en los rincones sin demasiada precaución, y se cambiaban palabras y cartuchos. Estos movimientos llegaron a conocimiento de las autoridades, naturalmente. El cura, un jovenzuelo que vive en la fonda y que pasea por la plaza con el libro de horas. El sargento y los tres guardias civiles. El alcalde. Pero este —Juan Bascuñana— no daba importancia a aquello. No estaba en ninguno de los dos bandos. La autoridad se la habían dado de arriba, pero tampoco estaba seguro de que fuera verdadera autoridad. Allí la autoridad estaba en la casa cuartel. Era alcalde a disgusto, porque solo podía ser un instrumento más al servicio del orden. Y el orden era allí la casa cuartel. Mientras la Guardia Civil velaba por el orden hacían sus números los propietarios. Había un presupuesto del Estado para la autoridad armada y rentas pingües para los propietarios. Él, que no cobraba sino cuando trabajaba, no podía ser verdadera autoridad, ni veía en el orden público el mismo orden de las autoridades. Pero tampoco era obrero, porque para serlo íntegramente había que estar en el sindicato. En definitiva, creía que todo seguiría siempre como cuando nació. Y que los campesinos eran hombres honrados, incapaces de verdaderos crímenes. No comprendía bien el miedo de los cuatro propietarios al afianzar las cerraduras de la cancela, repasar los contrafuertes de las ventanas y dejar y volver a coger el rifle o la pistola con la obsesión de ser esclavos de su propiedad, como los otros de su hambre. En las familias de los propietarios se hablaba de listas negras, en las que aparecen los nombres de los que han de ser degollados y las mujeres burguesas que han de ser repartidas. El alcalde les dice que son cuentos, y entonces los propietarios miran al alcalde con recelo. ¿No será de los otros? ¿No será un espía? El alcalde pretende disuadirles. Es sereno y reflexivo, y cree que todo aquello está fuera de lugar. No le hacen caso. Ve en las miradas rencor y escama, y se va a la calle pensando que algún remordimiento llevarán en la conciencia para tanto sobresalto. Se dirige al sindicato, pero no llega, porque observa el mismo recelo y despego en los obreros. Antes, esa actitud, siendo la misma, no era agresiva, como esta noche. Se dirige entonces al cuartel. El sargento se ha quitado las polainas y lleva las cuerdas del pantalón gris en torno a la rodilla. Se cubre la cabeza con un gorro de cuartel. Va a hacer el alcalde algunas observaciones al sargento, pero este no le escucha. «Leña es lo que necesitan esos vagos. El pueblo está envenenao.» El alcalde quiere advertirle que los campesinos deben ser tratados humanitariamente. Pero el sargento le acompaña a la puerta, le da un pitillo y le dice:

—Si pasa algo, venga usted aquí.

Se va el alcalde, una vez más, con la impresión de no ser alcalde, de no ser nadie. Todos pueden más que él. Recuerda que una vez habló de las leyes republicanas a los obreros, y estos replicaron que ni comían con la monarquía ni con la República; que les habló de la República a los propietarios, y estos respondieron: «¿Qué República?». Y que, al referirse en cierta ocasión a las libertades individuales con la Guardia Civil, esta le dijo muy atenta: «Mire usted: aquí, con todos los respetos, lo que rige es nuestro reglamento orgánico. Las ordenanzas».

No hay ayuntamiento en el pueblo, porque es un agregado de Medina Sidonia. Aunque lo hubiera, como el sindicato no va a las elecciones, es «apolítico», el ayuntamiento sería un órgano artificial e ineficaz. Pero, además, ¿qué ayuntamiento armonizador cabe en un pueblo donde solo existe un hombre no ligado directamente al interés de clase? ¿Qué ayuntamiento republicano cabe en un pueblo donde solo hay un republicano? Porque Bascuñana, el alcalde pedáneo, es el único republicano que hay en Casas Viejas. Un republicano ingenuo y de buena fe, que cree que todas las cosas tienen arreglo dentro de la República con intención recta y con «buena voluntad».

A medianoche.—Seisdedos y la disciplina.—Se trabaja en la carretera.—Asamblea.

En lo alto del pueblo el color negro de las chumberas se pierde en la sombra, menos densa, de la noche. Canta un gallo y sigue oyéndose el motor de la tahona. Llegan en parejas los hombres a la choza de Seisdedos, preguntando qué se hace. José Silva, su yerno, se adelanta a contestar:

—¿No está cortao el hilo del teléfono?

—Sí.

—Pues ná. Al sindicato.

Seisdedos los llama. Repite la pregunta de su yerno y los otros vuelven a afirmar. Entonces Seisdedos da una orden:

—Marchar ocho con picos a la carretera y abrir una sanja de lao a lao, que no puedan pasá los automóviles. Venís a desirlo cuando hayáis acabao.

Salen los otros a cumplir la orden, y Seisdedos dice a su yerno:

—Si empesamos a mandar tos ya hemos plegao.

Se disculpa José, y el viejo insiste:

—Venían los compañeros a hablá conmigo. Yo les tenía que respondé. ¿No es eso?

—Sí, señó.

—Bueno —concluye conciliador el viejo—. Se acabó. La cuestión no es pa más. Vete allá con otros dos bien acompañaos, no sea que vaya alguno a enredá.

José sale con dos compañeros, provistos los tres de escopetas. Hay un grupo de más de setenta, con armas, en lo alto de la calle en sombras. Por la puerta de la choza de Seisdedos sale un resplandor lívido que hace palpitar el verdinegro de unas chumberas enfrente. Están todos tranquilos, seguros de su fuerza. Seisdedos habla con los más próximos:

—Sabréis que ayer tuve carta como que se va a implantá hoy el comunismo libertario en toda España. Nosotros estamos hartos de pasá hambre y de resibí la limosna y de no hasé ná. Vamos a seguí el ejemplo de los compañeros de otras partes, pero sin derramá sangre.

Gruñían los odios de una miseria secular aquí y allá. Una voz de mujer se alzó para blasfemar y clamar por sus viejos rencores. El Seisdedos respondió:

—Vamos a haserlo sin derramá sangre, pero poniendo er corasón por delante. Y si arguno quiere estorbar la voluntá de tó el pueblo, que ponga er suyo también.

Eso ya satisfizo. La gente tiene aquí una sensibilidad aguda. Dicen que por la aristocracia acrisolada del pueblo árabe, pero eso de la sensibilidad fina y vibrátil es cosa que viene con las recias hambres de tantos años y con la escrófula y la tisis, el no poder dormir pensando en el mendrugo de mañana y la esclavitud moral, el desdén y el aislamiento de siglos. La voz de un viejo —o de un niño— se alza sobre el silencio solemne y precavido de todos:

—Yo lo que quiero que sepáis es que una vez me pegó el señorito de la casa grande. Así, con un vergajo. Desía que había roto la sincha de la jaca, pero era mentira, porque...

No se puede saber la verdad sobre la cincha. El viejo, en vista de que no le hacen caso, completa su relato con el compañero de al lado. Las caras de los más próximos a la choza de Seisdedos aparecen iluminadas por el rectángulo de luz de la *gallisa*. Han interrumpido al viejo. Tres o cuatro hablan al mismo tiempo. Han llegado cinco de un cortijo con tres rifles y dos pistolas cogidos allí «sin violencia». Seisdedos hace que lleven esas armas al sindicato. Acuden dos mujeres y exponen casos que requieren, según su entender, venganza. Otro individuo tiene un antiguo rencor que guardaba para resolver en un instante como este. Sale en borbotones el odio. La luz débil de la choza le ilumina la mugre de su chaquetón de gitano. Y otro viejo —el de la guerrera de rayadillo de 1898— avanza tembloroso sobre su cayado y expone un resentimiento que cada día se renueva. Dice que se encuentra a menudo en calles estrechas con una yunta de mulas o con algún joven que va con una burra cargada de agua, y que no le dan tiempo para meterse en una puerta. Que le atropellan. Seisdedos responde:

—¡Todo eso no es ná! No conseguiremos ná si reparamos en minusia. Vamos al sindicato.

Bajan en torrente. Los pies se afirman sin vacilar en las desigualdades del terreno. En seguida llegan al sindicato. Al aparecer en la esquina se han oído abajo, en la plaza, puertas cerradas con violencia, voces temblorosas. El motor sigue chascando. Seisdedos, antes de llegar al sindicato, mira el listón que se alza sobre el tejado, encima de la puerta:

—La bandera. A ver, la bandera.

Van a buscarla, pero cambia de parecer:

—Ahora no va a verla naide. Dejarla ustés pal amanesido.

La sala del sindicato está atestada de hombres armados. El Seisdedos, acompañado del Comité, declara solemnemente que ha quedado proclamado el comunismo libertario y que no hay otra voluntad en Casas Viejas que la del pueblo agrupado en el sindicato. Luego añade:

—Es necesario nombrá una Comisión que vaya a comunicá el cese al arcalde y a la Guardia Siví.

Serán más de doscientos, la mayor parte con armas. La Comisión queda designada. La forman Rafael Mateo, José Luis González y Juan Grimaldi, que escuchan con atención las indicaciones del viejo Seisdedos:

—Nada de sangre —repite.

Tiene enfrente, en el muro, bajo una bombilla, la misma alegoría del comunismo libertario: el mazo suspendido por un obrero sobre la campana. Es decir, no se sabe siquiera si es un obrero, porque va desnudo y es fuerte y sano, como un atleta burgués. Es «un semejante». No se podría advertir la semejanza, pero estos hombres, dentro de su odio y de su hambre, tienen una obscura y recia generosidad. El Seisdedos, frente a esa alegoría, donde todo es sencillo y hermoso, se olvida también de su hambre y de sus rencores.

—La Comisión irá a vé al arcalde y le dará la notisia. Luego le mandará que vaya ar cuarté a comunicarlo a la Guardia Siví. Como los guardias entregarán los fusiles, no hay que haserles ná. Traerlos aquí.

—¿A los guardias? —pregunta uno, deseoso de hacer algo con los guardias en el sindicato, de hacerlos «comparecer», por lo menos, como hacen con ellos en la casa cuartel.

—No. Solamente los fusiles. Los guardias son «semejantes», y serán hombres libres como nosotros.

Hay impaciencia. El Seisdedos querría hablar más, pero la impaciencia de la Asamblea no le deja. Todos están emocionados, menos el viejo. La Comisión sale con las escopetas colgadas. Les siguen cuatro o cinco. Luego, diez más. Después, un nuevo grupo. Se van, por fin, la mitad de los que estaban allí. Todos quieren ver las primeras actuaciones del nuevo régimen y sentir la alegría de una autoridad destruida y de su propia voluntad patente y libre. Los odios han querido desbordarse, pero no lo han conseguido. El reloj de la alegoría no tenía la hora del odio. Ni decía lo que había que hacer con los poderosos terratenientes. Todo era simple y fácil. En todas las caras resplandecía el triunfo. Preguntaron al Comité por los víveres.

—Mañana —declaró el viejo— se repartirán.

Algunas mujeres, con el crío agarrado a la falda, se fueron satisfechas. Habían oído las palabras que les interesaban. Pasaron algunos minutos. El viejo había dejado su escopeta contra un rincón. Todos tenían ganas de que amaneciera para ver qué color tenía el primer día de triunfo. Algunos reprimían sus odios con decepción. Les extrañaba y les desanimaba la facilidad de todo aquello. Llegaron noticias. El alcalde había dimitido ante la Comisión y bajaba con ellos hacia la plaza. La noticia se acogió con vítores. Era el primer paso firme. El Seisdedos sonreía. Esperaban todos, como algo infalible y seguro, los fusiles de la Guardia Civil.

—¿Y ca don N.? —preguntaron.

Ya no fue el Seisdedos quien respondió, sino una mujer joven —Josefa Franco—, que aseguró que todos cederían sus propiedades e ingresarían en el sindicato. Esto no satisfacía mucho, pero callaron para no complicar el asunto, que iba sobre ruedas. Pasaron diez minutos. Seisdedos escribía con grandes apuros una comunicación pidiendo «un crédito a la comarcal de Jeré» para caballerías y aperos. En el silencio seguían sonando las explosiones del motor, y de pronto, elevándose sobre ellas, dos tiros de máuser netos y claros. Había ocurrido algo inesperado. Un tropiezo. Los fusiles de la Guardia Civil hablaban. Aquello no estaba previsto por la Asamblea, pero cada cual había colgado de su hombro la escopeta, por si acaso. El Seisdedos se levantó. Sintieron que todo volvía al estado de unas horas antes. Cada cual sentía su hambre y su rencor.

—¡Al avío! —gritaba el Seisdedos—. ¡Tó Cristo al avío!

Se lanzó sobre su escopeta y salió delante. En la sombra bajaban cien sombras corriendo hacia la plaza. Los disparos levantaron clamores en la calle. Se oía chillar, desde fuera, a las mujeres de los guardias y a las de los propietarios.

Los guardias no acatan el nuevo régimen.—Tres horas para decidir.—Con las «primeras luses, los primeros tiros».

Por la noche, las cosas materiales no se ven claras; las otras se presentan con una diafanidad engañosa. Parecían fáciles en la noche del día 10 muchas cosas que no lo fueron luego. La Comisión que fue a destituir al alcalde, señor Bascuñana, habló con él desde la calle. Rafael Mateo, José Ruiz González y Juan Grimaldi llamaron a la puerta y se separaron, esperando que el alcalde se asomara a una ventana. Eran las tres y media de la madrugada. Rafael y Juan eran de mediana estatura. Uno llevaba blusa y el otro una chaqueta parda. José era más alto y un poco encorvado, aunque todavía no era viejo. El alcalde apareció junto al alero:

—¿Qué queréis?

—Ná, Juan. De parte del sindicato venimos a desirte que tienes que bajá y vení con nosotros.

El alcalde vio que en la esquina había cincuenta hombres armados.

—¿Para qué? —recelaba.

—Se ha implantao er comunismo libertario, y tienes que pedí a los siviles que se entreguen. No os pasará nada a naide.

El alcalde cerró la ventana. Tardó algo en vestirse.

Serían las cuatro cuando apareció en la calle. Sin hablar, fueron bajando seguidos de la gente armada. Ya en la plaza quiso hacer advertencias a los revoltosos, pero había oído hablar del teléfono cortado y de la carretera interceptada. «Eso —pensó— ya no tiene remedio.» Se dejó conducir. Antes de entrar en el cuartel advirtió, sin embargo, a la Comisión:

—Pensarlo bien.

—Nada hay que pensá, Juan. Todo está pensao. Tú haz lo que te manda er Comité.

La plaza es una plataforma rectangular, a cuyo fondo se alza la iglesia. Como todo el pueblo está en acentuada pendiente, la horizontalidad de la plaza se rompe verticalmente por los dos lados, sobre todo por uno de ellos. Abajo, la calle con edificios a un lado, y al otro, cerrada por una calzada de piedra que circunda la plaza, y que por el costado donde está la casa cuartel alcanza una altura de tres o cuatro metros, porque el desnivel es muy acentuado. Las ventanas de ese edificio quedan a la altura de la base de la iglesia y, naturalmente, del plano donde la iglesia se sustenta. Tienen enfrente la calzada de piedra, que es una trinchera bastante segura. Todos los edificios están encalados, menos el templo, que tiene un tono rosáceo. Algunos bajaron con la Comisión hasta la puerta de la casa cuartel. Otros, los más, se quedaron arriba, en la plaza. La noche era obscura y fría. El relente barnizaba las piedras. Grimaldi llevaba una cuerda atada bajo las axilas, alrededor del pecho, para substituir los botones de su harapiento chaquetón.

Llamaron otra vez a la puerta. No se oía dentro el menor ruido. Inesperadamente, la puerta se abrió.

Avanzó Bascuñana. El sargento le hizo entrar y cerró concienzudamente fallebas y cerrojos. La Comisión se encontró otra vez ante la puerta cerrada y sin la compañía del alcalde. La Comisión no comprendía bien. Esperó media hora allí mismo. Se hacían suposiciones y cálculos. Comenzaban a ir subiendo hacia la plaza, donde estaban los demás. El alcalde no reaparecía. Continuaban los obreros en actitud pacífica, dando largas a su fe y a la confianza en las previsiones de Seisdedos. Algunos campesinos golpeaban el suelo con los pies para no entumecerse. Había muy cerca una cancela con lindos cristales. Otra, un poco más arriba. Las dos con un patio interior, que conducía a una despensa bien provista. También estaba allí mismo la iglesia. Y el cura dormía en la fonda, enfrente de la casa cuartel. Todos llevaban la escopeta a la espalda y los bolsillos llenos de *sorreras*. Se ha dicho que en esos instantes los campesinos tenían sitiado el cuartel. El hecho de que cerca de las cinco saliera el alcalde por una puerta trasera y se fuera a su casa denota que no existía ese bloqueo. Porque salió y se marchó sin que lo viera nadie, lo que revela que los campesinos no establecieron vigilancia. Vagaban por la plaza, esperando, en actitud pacífica. A las cinco de la madrugada la puerta principal se abrió, y el sargento salió tranquilamente a ver lo que sucedía. Fue entonces cuando se cruzaron, entre obreros y guardias, las palabras definitivas. No hubo acuerdo, y otra vez se oyeron las fallebas y los cerrojos. La puerta volvió a cerrarse.

Los obreros se reunieron en corro y trataron la cuestión. ¿El Seisdedos se equivocaba? Había que enviarle un «mandao» a Seisdedos. Ya subían tres camino del sindicato cuando de la alta ventana de la casa cuartel partieron dos tiros. El eco se perdió en lo alto de la colina. Cuando los emisarios iban en busca del Seisdedos lo encontraron al frente de un centenar de hombres que bajaban en tropel.

En las calles inmediatas se oyeron rumores apresurados. El pueblo, que parecía dormir, estaba despierto y a la expectativa. Puertas cerradas resonaban bajo las aldabas y travesaños. Voces histéricas llegaban de los patios interiores. A los dos primeros estampidos no había seguido ningún otro. Seisdedos se encontró en la plaza con los compañeros, que se atrincheraban tras de la calzada.

—¡Quietos! No disparéis. Aguardad al amanesido.

Faltaba cerca de una hora para el amanecer. Hacía rato que cantaban los gallos. Josefa Franco llegó sin aliento y advirtió que entre los tres hombres que custodiaban la zanja en la carretera solo llevaban siete tiros. Ella se prestaba a llevarles repuesto de municiones. Francisco Lago le dio un puñado de cartuchos, y Josefa partió como un rayo calles arriba. Seisdedos veía que la lucha quedaba abierta. «¡Al avío! ¡Todos al avío!» De un grupo de campesinos partió una descarga cerrada. Saltó el rebozo de la pared en las orillas de las ventanas. Era mucho más fuerte el estampido de las escopetas que el de los máuseres. Seisdedos corrió a advertir de nuevo:

—¡No tirar hasta que amanesca!

Pero ya todo el pueblo había entrado en la zona de lo extraordinario, y ya nadie oía a nadie. Los guardias contestaban con fuego graneado, también a bulto. Un muchacho, de pie sobre la cerca, disparaba contra el muro de la casa con una pistola, a tenazón. No bajó mientras tuvo municiones. Seisdedos seguía sentado en el suelo, de espaldas a la calzada. Por encima pasaban las balas. El viejo Seisdedos decía a los más próximos que no dispararan:

—Van a faltar sorreras, y luego con el perdigón no haréis ustés ná.

Miraba al cielo, que comenzó a clarear poco después. Preguntó si había bajas. Se animó al saber que no. La luz destacaba ya perfectamente sobre el blanco de los muros la sombra cuadrada de las ventanas. Entonces se incorporó, avanzó a cuatro manos y asomó la escopeta entre dos piedras. Estuvo largo rato afinando la puntería y aguardando. Disparó. Un guardia se levantó convulsivamente tras la ventana y cayó con la cabeza abierta.

—¡Es el sargento! —gritaron aquí y allá.

Seisdedos había vuelto a cargar la escopeta, impasible. Dentro de la habitación se vio una sombra que, sin duda, acudía en auxilio del herido. Sonó otro disparo del Seisdedos, y la sombra dio un alarido y cayó también.

Siguieron unos minutos de silencio. A las ventanas de la casa cuartel no se asomaba nadie. Algunos campesinos no se recataban ya tras la cerca, y se ponían de pie comentando. Se acercaron al Seisdedos, que molía un poco de tabaco entre las manos.

—¿No os desía a ustés —recalcó, señalando con la cabeza la ventana de los guardias— que aguardarais al amanesido?

La Guardia Civil bate al destacamento de la carretera y lleva la noticia a Medina.—El teléfono funciona.

La noche anterior habían querido llamar de Medina Sidonia por teléfono a Casas Viejas. Al advertir la avería dispusieron que a primera hora de la mañana saliera un equipo a reconocer la línea. Con los obreros iba, a las seis y media, una pareja de la Guardia Civil. Cerca ya del pueblo, entre dos luces, advirtieron que la línea estaba cortada junto a uno de los postes inmediato a la carretera. No lejos había calzadas de piedra y chumberas. Es frecuente hallarlas en todas las cortaduras del terreno, quizá para sujetar la tierra fértil, para facilitar la distribución del agua de lluvia o simplemente para señalar lindes. Uno de los mecánicos, desde lo alto del poste, advirtió la zanja de la carretera y avisó a los guardias. También desde arriba se veían sombras sospechosas tras de las chumberas. Los guardias, ya prevenidos, tomaron precauciones para acercarse.

—¡Alto! ¿Quién vive?

De los dos lados de la carretera partieron disparos. Si hubiera estado allí Seisdedos hubiera repetido el consejo. Los disparos fallaban. Los guardias contestaron. Siete disparos de escopeta, entre tres tiradores, se hacen pronto. Ya sin municiones el pequeño destacamento quiso huir. Los guardias avanzaron y se parapetaron en los mismos lugares que los revoltosos habían abandonado. Les hicieron fuego una y otra vez. Los proyectiles daban entre los pies o pasaban zumbando. Uno de los fugitivos tiró la escopeta y se detuvo. Los otros dos lo hicieron más adelante. Avanzaron los guardias, ordenándoles que se tiraran a tierra. Los registraron, les hicieron levantarse, y esposados dos entre sí y suelto el tercero volvieron al lugar de la avería. Por el teléfono del equipo ambulante hablaron con Medina y Jerez. Minutos después se enteraba el gobernador de Cádiz. Los guardias volvieron con sus presos a Medina. No con los tres, porque el que iba suelto dio un salto de liebre sobre un desmonte y huyó pegado a los accidentes del terreno. Los guardias prefirieron conservar a los dos detenidos y, aunque hicieron fuego sobre el fugitivo, no lo hirieron. Era José Silva, que volvió al pueblo corriendo. Los otros dos ingresaron en la cárcel de Medina Sidonia, donde había unas celdas con paredes que no eran de barro y techumbre más sólida que la de sus chozas. Donde hacía un poco menos de frío y donde, además, daban de comer. Mientras no se notara la falta de libertad —aunque sea una libertad tan cuestionable como la esclavitud de Casas Viejas (la libertad de escoger entre morirse de frío o de hambre siempre es alguna libertad)—, aquello de la cárcel estaba bastante bien. Entre tanto, había llegado a la carretera, al lugar de la escaramuza, Josefa Franco, descalza de pie y pierna, con dos docenas de cartuchos. Llamó en vano a un lado y otro.

—¡Osé, Osé!

En esta tierra se oye llamar «Osé» a todas horas. Hay muchos gaditanos que se llaman José. Pero este José Silva no aparecía. Josefa subió a un altozano, vio el teléfono reparado. En unas chozas próximas dijeron que habían oído más de cincuenta tiros. Ya no necesitaba más, y volvió al pueblo. Cuando llegó a la plaza tuvo que esconderse y retroceder. Seguía el fuego. Subió al sindicato. La bandera anarcosindicalista tremolaba en lo alto. Unas mujeres harapientas —alguna embarazada de seis u ocho meses— esperaban con unas esportillas bajo el brazo. Esperaban poder llenarlas en algún sitio con pan y quizá con arroz o carne. La mayor parte había buscado leña, preparado fuego y dispuesto «la puchera con agua». Josefa estuvo hablando con ellas, pero no les contó lo ocurrido en la carretera. Era el primer fracaso. Abajo seguían los tiros.

Apareció luego Seisdedos rodeado de un grupo. Abajo habían quedado algunos de vigilancia para evitar que los dos guardias que quedaban ilesos salieran del cuartel. Se le acercó Josefa y comenzó a referir lo ocurrido en la carretera; pero Seisdedos la atajó señalándole a José Silva, que iba con él. Ya lo sabía. No tenía importancia. Cuando llegaran a Medina los guardias se encontrarían con que los compañeros de aquel sindicato se habrían apoderado de la ciudad. Y si no, se apoderarían a la noche. Aquello no era cosa mayor. Como le rodearan las mujeres y los obreros sin armas que esperaban allí, Seisdedos expuso su impresión:

—El sindicato es dueño del pueblo. Ha habido nesesidá de derramá sangre, pero ha sido al otro lao. Del nuestro, ná.

Apartó a unas mujeres que interceptaban la puerta.

Palpando el abultado vientre de una de ellas, Seisdedos sonrió:

—Este no conoserá ya los amos.

Entró en el sindicato y terminó de redactar la comunicación a la comarcal de Jerez, que consideraba también vencedora. Comenzaba el escrito con los consabidos renglones: «Estimados compañeros. Salud». Y terminaba: «Vuestros fraternalmente y de la causa.—Por el Comité, Francisco Cruz». Tuvo, como siempre, dudas de ortografía; pero no reparó gran cosa. En la comunicación se hablaba —como ya dijimos— del material necesario para las roturaciones.

El «comunismo».—Dudas sobre la propiedad. —Se incautan de una tienda, pero...

Desde las siete de la mañana hasta la una de la tarde, el pueblo estuvo en manos de los revoltosos. La primera jornada no comenzaba con escenas de terror. Lo de la plaza era una lucha regular. Constantemente los obreros ofrecían la paz a los guardias si se entregaban. Aquel pequeño foco, donde a veces sonaba algún tiro, no impedía que los revolucionarios se sintieran dueños del pueblo. La superioridad manifiesta de sus fuerzas les permitía asaltar el cuartel, pegarle fuego. Pero nadie pensó en ello. Seisdedos insistió en que bastaba con no dejarles salir. Había que vigilar el cuartel, sin ofrecer blanco a los fusiles y sin quemar mucha pólvora.

—Cuando los guardias gasten las munisiones ya saldrán.

La gente fue afluyendo al sindicato. En realidad, estaban en asamblea permanente desde la tarde anterior. Entraban y salían los grupos y eran constantes los debates y las discusiones. Había que tratar muchas cosas. El comunismo libertario estaba implantado, y la gente no comía aún. El hambre quedaba en pie, esperando consignas para desbordarse en acción. Las casas de los propietarios seguían intactas. Había dos tiendas de comestibles, sobre las que nada se había acordado. Seisdedos, cuando se decidía a proponer un acuerdo en relación con todo eso, se encontraba con que no disponía enteramente de su conciencia. Preguntaba entonces a José Silva:

—¿Dise que han hablao por teléfono?

Cuando Silva afirmaba, Seisdedos se quedaba pensativo.

—Hay sangre ya —dijo al fin—, y nos contestarán, si llega er caso, de la misma manera. Que estén todos dispuestos a dar la cara y vamos a ver lo que se hase con estas compañeras.

Fueron a una tienda que hay junto a la plaza. A las mujeres no las coaccionaba tal o cual disparo. Dos del sindicato ocuparon la tienda y distribuyeron algunos víveres. Pocos y malos. El dueño protestaba, poniendo el grito en el cielo. Seisdedos había vuelto a la plaza e intentaba convencer de nuevo a los guardias.

Tanto protestaba, y con tales súplicas, el tendero, que de los pocos fondos del sindicato le pagaron los víveres los mismos obreros que habían ocupado la tienda, pidiéndole recibo. La mayoría de los obreros, con la ilusión del triunfo, no pensaban en comer ni en dormir. Esa misma ilusión les había apagado súbitamente el odio secular contra los terratenientes. Más de cien obreros con armas no hay duda de que hubieran podido asaltar cuatro casas, donde no se sabe si les esperaban dispuestos a defenderse; pero, en caso afirmativo, apenas había cuatro hombres en cada una. Seisdedos iba a la plaza a disponer que regresaran todos al sindicato, menos dos centinelas, que quedarían a la vista de la casa cuartel. Dentro de ella parecían muy atareados en la cura de los heridos, y no atendían a la defensa, reservándose quizá para un caso de asalto. Lo urgente era organizar en el sindicato la vida bajo el régimen recién instaurado. La lucha con los guardias había determinado una exaltada situación de ánimo en la mayor parte de los obreros. Gritaban y amenazaban algunos para el día en que no tuvieran más remedio que salir. Seisdedos no hacía caso. Al sindicato. La intervención de Seisdedos comenzó a desviar de la casa cuartel la atención de los campesinos. Al sindicato. La asamblea permanente tenía instantes en que hacía labor de fondo. Era cuando Seisdedos estaba presente. Siendo, probablemente, el más viejo, revelaba una agilidad mental y una actividad verdaderamente juveniles. Cuando entró Seisdedos se dieron vivas al comunismo libertario y a la revolución. Seisdedos no sabía pronunciar discursos, pero comenzó levantando la mano y echándose con la otra atrás la culata de la escopeta:

—¡Compañeros! Hemos conseguido nuestro objetivo, o, mejor dicho, la primera parte de él. ¡Se han acabao las limosnas!

Le interrumpieron con vítores. Quiso seguir:

—La tierra va a ser nuestra.

Otra vez le interrumpieron:

—¡A labrarlo, a labrarlo tó!

Seisdedos dejó que vitorearan y vocearan un rato, mientras soplaba la tinta fresca de unos números que había hecho Juan Galindo, también del Comité. Eran cálculos aproximados sobre la nueva economía. Se sobreponían a los rencores y a los odios para afrontar la trágica cuestión del hambre como un problema económico, y lo afrontaban con altura. Las despensas de los propietarios estaban intactas. Lo que se llevaron de la tienda lo habían pagado. No se explicaban bien los cauces que a la revolución se le querían dar; pero lo cierto es que toda la mañana trataron de eso en el sindicato, y que mientras este tomaba acuerdos nadie asaltó, ni saqueó, ni incendió. La ilusión de la tierra que iban a poseer les hacía olvidarlo todo. Se hablaba con voluptuosidad de las hectáreas, de los arados y de las yuntas. Continuaba la asamblea a las doce del día. Se había aprobado, con ligeras modificaciones, la comunicación a la comarcal. Dinero para iniciar la conquista de la tierra o para celebrar las nupcias del campesino con la tierra ya conquistada. Comenzaban a tratar de la conducta a seguir con los propietarios, cuando llegaron por la parte oeste dos largos truenos, cuyo eco rebotó en las últimas casas, en la plaza y en los altos calveros. Pensaron si serían cañonazos. Luego se supo que eran fuerzas de la Guardia Civil y de Asalto, que antes de entrar en el pueblo hacían descargas al aire para avisar su llegada a los sitiados, y también para tantear el estado de resistencia del pueblo. Seisdedos interrumpió la asamblea:

—Tó cristo a sus casas y a esperá. Si se dan malas, salir ustés al campo y reunirse en el Atalaya.

Dieron de nuevo vivas al comunismo libertario y se retiró cada cual por su camino. Avisaron a los centinelas que se retiraran también. Con esto quedaron las calles del pueblo totalmente desiertas. Cada cual aguardaba en su casa.

**Un campesino muerto y otro herido.—Desplie-
gue de fuerzas.**

A la entrada del pueblo, las fuerzas echaron pie a tierra
y desplegaron. Entraron por distintas calles. Toda la
parte sur de la colina se cubrió de uniformes, que sobre
la cal de los edificios resaltaban vivamente. Siete guardias civiles y un sargento y toda una compañía de
guardias de asalto con sus oficiales y clases. Los de asalto
iban comprobando a culatazos si las puertas estaban cerradas. En las calles no se veía un alma. Los que bajaban
por la que se dirige a la plaza atisbaban, dispuestos a
disparar, las ventanas. El silencio era absoluto. Al volver
una esquina, advirtieron la presencia de un campesino
de aspecto pacífico, sin armas. Estaba a unos diez metros. Un guardia preguntó, preparando el fusil:

—¿Qué hace usted ahí?

Y antes de que respondiera le ordenó:

—Entre usted en su casa y cierre la puerta.

Cuando el labriego volvía la espalda para obedecer,
oyó un tiro y cayó herido. La bala le atravesó los flancos, entre las costillas y la cadera. No le recogieron
hasta dos horas después. Hoy está hospitalizado en
Cádiz y se puede identificar fácilmente, porque es el

único obrero de Casas Viejas que se halla en ese estable-cimiento, y también el único herido que no fue remata-do.*

Los guardias de asalto siguieron adelante. En la plaza no había fuerzas. Fueron al cuartel y se dispusieron a prestar auxilio a los dos heridos. Luego subieron hacia las chozas de lo alto de la colina. El guardia civil Salva, que llevaba algún tiempo en el pueblo, les condujo al sindicato y arrancaron la bandera anarcosindicalista, poniendo en su lugar la republicana. Al volver hacia la calle que da acceso a la torrentera donde vivía el Seisde-dos, alguien advirtió otro campesino también a la puerta de su casa, más abajo, en un lugar por el que habían pasado ya. Sin previo aviso, los de asalto se echaron el fusil a la cara y dispararon. El vecino tampoco llevaba armas, y se daba el caso de que, estando enfermo, había salido por curiosidad a la calle a ver lo que ocurría. Recibió varias heridas y murió casi en el acto. Se lla-maba Andrés Montiano.

Ya había cuatro bajas: dos guardias y dos obreros. Con la «ventaja» para las fuerzas de la represión de que una de las bajas del enemigo había sido por muerte. El sargento y el guardia heridos, todavía vivían. Claro que —ya es sabido— el sargento murió luego.

En la roca monda del pavimento sonaban los zapatos de la fuerza o las culatas de los fusiles cuando los guardias se detenían para indagar o registrar. Dos o tres, que iban de-lante, disparaban a la menor sospecha sobre las cercas o las chumberas. Se hacía la descubierta en guerrilla dis-

---

* Estas páginas se publicaron por vez primera ocho días después de los sucesos.

persa, siguiendo la inspiración momentánea de cada cual, como en Marruecos. También sobre tierra calcárea y entre chumberas. El pueblo estaba desierto, como las cabilas rifeñas cuando llegaba la vanguardia. Los vecinos esperaban, atemorizados, en el fondo de sus casas. Eran las cinco, y el sol había brincado desde la cumbre pelada de la colina hasta las crestas de la Sierra de Ronda. Sol rondeño para las coplas donde aparece siempre un guardia civil cruel y sanguinario y un bandido gentil y generoso. En el silencio atemorizado del pueblo veían las fuerzas algo misterioso y amenazador. Los tres heridos —dos guardias y un campesino— habían sido evacuados a Cádiz, y el muerto —Andrés Montiano— seguía donde cayó.

Comenzaron a registrar algunas casas, orientados y asesorados por los guardias del puesto y por los paisanos Manuel Grimaldi Gallardo, de la organización socialista de Medina —cuyo primer apellido lo lleva también una de las víctimas, y el segundo no se puede decir que le corresponda por antonomasia—; el tendero Francisco Vega y el propietario Vela. Los guardias habían sacado de su casa a Manuel Quijada y esposado lo llevaban delante, a empujones y culatazos, para que les indicara el camino. Emprendieron el de la choza del Seisdedos, torrentera arriba. A medida que subían, el camino era más accidentado. Los tres que les orientaban voluntariamente se iban quedando rezagados, y entonces tenía que actuar de delator Quijada. Como se negaba, le golpearon con las culatas de los fusiles hasta derribarlo. Luego lo levantaron a patadas. En los últimos veinte metros, el terreno presentaba cortaduras e irregularidades muy sospechosas. Los guardias que iban delante no cesaban de gritar:

—¡Eh! ¿Quién va?

—¡Fuera de ahí!

Y disparaban a bulto sobre las chumberas. Les precedía una zona de alarma, como en los ojeos de las cacerías. No había nadie, ni salía nadie, ni les agredía ningún vecino. Todo aquello estaba desierto. Pero las condiciones estratégicas de las cercas y de los desniveles eran insuperables. Iban delante con Quijada, que se arrastraba con dificultad porque tenía fracturado un tobillo y dos costillas rotas, el guardia de asalto Ignacio Martín y el civil Salva. En todo aquel trecho no había chozas. Luego venía una cerca de una choza desmantelada y, pegada a ella, la del Seisdedos. Esa cerca levantaba apenas un metro, y la utilizaba la familia como corral y vertedero. Dentro había un asno pequeño y gris, con la tripa y las orejas blancas. Era de Francisco Lago y constituía el borrico aguador, del que disponen cada ocho o diez chozas, por miserables que sean.

Después de un instante de vacilación avanzaron el guardia civil y el de asalto. El silencio de la choza coaccionaba a los guardias. El sol se estaba poniendo y el cono de sombra de la techumbre de paja se adaptaba difícilmente al terreno y trepaba por un pequeño montículo.

Dentro de la choza.—Cuatro hombres, tres mujeres y un chaval de diez años.—«Esto está perdío.»

Después de abandonar el sindicato, Seisdedos subió a la choza acompañado de los suyos. Entraron y se fueron acomodando como pudieron, en silencio. Las escopetas de la casa —dos— volvieron a colgarse en la viga. El yerno, José Silva, se lamentó de haber perdido la suya en la escaramuza de la carretera. No contestó nadie. Estaban allí el viejo Seisdedos, encorvado, con los codos en las rodillas; sus hijos Pedro y Paco, el yerno, el vecino y primo Francisco Lago Gutiérrez, su hija Paca Lago, de dieciocho años; la nuera de Seisdedos —viuda—, Josefa Franco, y dos nietos: Mariquilla —diecisiete años morenos y gentiles, con una alegría natural— y un chaval, hermano suyo, de diez años. Nadie pensaba en la defensa. De ser así no se hubieran quedado con solo dos escopetas y hubieran hecho salir a las tres mujeres y al niño. Estaban en su casa, esperando, como los demás, los acontecimientos. Sabían que iban a detenerlos y que saldrían codo con codo, y aguardaban sin saber por qué. Ignoraban lo que habría sucedido lejos del pueblo. Oyeron tiros lejanos. Luego, más próximos. Mariquilla miraba sus alpargatas rotas, por donde asomaban dos dedos desnudos enrojecidos por el frío. Llevaba un vestidillo ligero —ya lo llevó en verano— muy remendado. No suspiraba demasiado por otros vestidos, por tres razones: porque no se encontraba fea con aquel, porque sabía que no podía pretender otro y, finalmente, porque el frío era cosa de viejos y estaba harta de oír decir a la gente, cuando se quejaba:

—Yo, a tu edá...

—Cuando se tiene tu tiempo...

Por esas tres razones no se quejaba tampoco de ir sin medias. Mariquilla, no solo no se quejaba, sino que estaba alegre casi siempre, con motivo o sin él. Mariquilla Silva Cruz, morena gentil, con una tilde de melancolía entre dos sonrisas o dos frases dichas como ella las dice, atropelladamente, pero bien enderezadas a su objeto, había de revelar luego, en la cárcel, en la calle, ante los fotógrafos, con los periodistas, una inteligencia natural y una discreción muy superiores a lo usual en las personas cultivadas de la ciudad. Mariquilla animaba a sus parientes:

—Totá, la cárse, ¿no es eso?

Soltaba a reír, tiraba del pelo a Josefa y advertía:

—No piense, mujé. Allá iremos tos.

El chico pensaba en lo que les contaría a sus amigos después, y en si por ser muy pequeño no le querrían llevar a la cárcel, una cosa tan de hombres. El padre de Mariquilla y del chaval rumiaba y gruñía:

—¡Los trenes! ¿No dijiste tú, Josefa, que no andaban los trenes?

Josefa se encogió de hombros:

—Yo no los vi. Estuve a la mira media hora y no vi ná.

—Pues yo sí —terciaba Mariquilla.

Francisco Lago temía que hubieran entrado en su casa los guardias. El chico aseguraba que los había visto romper la puerta y salir con una escopeta. Juraba que iban armados con trabucos. Seisdedos levantó la cabeza y miró las dos armas colgadas a los lados de la litografía libertaria:

—Esas no se las llevan.

Como si quisieran responderle, se oyeron dos tiros próximos. Seisdedos se levantó y cogió la escopeta de la culata rajada. Repitió:

—Por lo menos, esta no se la llevan.

Pedro, el hijo mayor, se levantó, sin decir nada, y cogió la otra. Los dos empujaron a los demás hacia el agujero que comunicaba con la cerca inmediata. Podían salir por allí. Se negaban todos. Cuando fueron las mujeres a salir, las voces y los tiros de los ojeadores las amedrentaron. Estaban demasiado cerca. Paco, el hijo menor, pensó un instante que los que llegaban podrían ser compañeros del sindicato. Entre el tejado y la cerca había aspilleras naturales, porque no ajustaba bien. Miró. Se retiró y le dijo a su padre que mirara. Seisdedos, con el ojo izquierdo casi cerrado, retrocedió y dijo secamente:

—Esto está perdío.

No se podían mover. Nueve personas en el recinto que dejaba libre el lecho apenas cabrían de pie. Seisdedos aseguró las tablas de la puerta. Quedaban casi en sombras. Insistió en que se marcharan las mujeres y el niño por el agujero que comunicaba con la cerca de al lado, pero nadie se movió. Como se oían las voces y los tiros de los guardias, pensaron los hombres que las mujeres tenían miedo, y no insistieron. Seisdedos miraba por las aspilleras. La choza estaba dominada por unos altozanos que la rodeaban por tres frentes. Se alzaban algunos hasta cuatro metros por encima del tejado, y el más lejano estaría a unos quince metros de distancia. Para abarcar la cima de los de la derecha tenía que romper ramaje y arrancar paja.

«A pedradas pueden echar la choza abajo», pensó Seisdedos.

Luego insistió en que debían irse los demás. Allí quedarían él y otro. Había dos escopetas. Podía quedarse el mejor tirador. Se sintió aludido su yerno José Silva, padre de Mariquilla. Nadie se movía. El viejo explicó a su manera, sintiendo ya cerca los pasos de los guardias:

—Yo soy viejo y no sirvo pa ná. El año que viene ya no podría ganarlo.

Callaban todos. Se habían hecho el propósito firme de esperar lo que fuera alrededor del viejo. Este añadió:

—He tardao treinta años en comensá; pero ya sabéis que no me gusta dejá las cosas a medias. Marcharse.

Callaban. Josefa balbució:

—¿Pa qué? Ya nos separarán en la cárse.

—¿En la cárse? —replicó Seisdedos—. Yo no voy a la cárse.

Francisca Lago quería ir a buscar una escopeta para su padre. Salió sin que pudieran impedirlo, y cuando advirtieron su ausencia, el padre dijo:

—Es templá. Gorverá.

Todos estaban tranquilos, menos el viejo, que no ocultaba su disgusto por la testarudez de los demás, y los dos hijos, uno de los cuales repetía a menudo:

—Ha debido fallar tó en Medina, en Jeré.

El otro replicó una vez, encogiéndose de hombros:

—La idea es la idea.

Los pasos de los guardias sonaban allí mismo. Crujieron las tablas de la puerta bajo un culatazo. Al segundo se abrió de par en par. José Silva y Seisdedos dispararon sin tiempo para echarse la escopeta a la cara. Un guardia cayó hacia atrás. Se llenó la choza de humo de pólvora. Seisdedos salió, recogió el fusil, quiso quitarle los cartuchos; pero era demasiado dificultoso, y arrastró al herido hacia dentro. Volvió a cerrar la puerta.

Era un guardia de asalto. Paco Cruz, hijo del Seisdedos, manejaba bien el fusil de cuando estuvo en «el moro». No había sitio para el guardia y lo dejaron sobre el arca. Josefa Franco le quitaba las municiones de las cartucheras y las depositaba en el suelo. A los disparos había sucedido fuera un hondo silencio. Mariquilla, más pálida, miraba de reojo al guardia. Josefa dijo secamente:

—Ha muerto.

Se quejaban los hombres de no tener bastantes armas, y Seisdedos, que había soplado el cañón y vuelto a cargar la recámara, miró otra vez por las aspilleras. Luego sacó los dos jergones de la cama y los arrastró hasta la puerta. Asomó el cañón por un ángulo. Fuera iba haciéndose de noche. Volvió a mirar adentro y vio al chico con los ojos redondos como un gato puestos en el cadáver del guardia. Seisdedos se pasó la mano por la barba, tiró de dos pelos en el labio inferior y repitió:

—Esto está perdío.

Al mismo tiempo sonaron dos descargas fuera, y tembló la techumbre acribillada. Sonaban las balas en la cerca de barro y gruñían entre las vigas. Las mujeres, por orden de Seisdedos, se acurrucaron en el suelo. Josefa Franco sacaba un brazo crispado entre los harapos y quería alcanzar las *hoses*. Menuda y débil, se la veía vibrar bajo los disparos y crispar también la boca en insultos. Como no llegaba a las *hoses*, cogía *sorreras* de la mesa y llenaba los bolsillos de Seisdedos.

Noche cerrada.—Seisdedos no quiere parlamentar.—Intento de asalto.

Los guardias civiles y los de asalto, después del ataque de Seisdedos, retrocedieron y fueron a ocupar, con un pequeño rodeo, las alturas inmediatas. Como hemos dicho, esas alturas caían verticalmente sobre la torrentera y alcanzaban hasta cuatro o cinco metros por encima de la choza asediada. La distancia que les separaba en el caso máximo era de un tiro corto de piedra. Ocupadas las alturas fronteras a la choza, rompieron el fuego. Se daban órdenes apresuradas. Los guardias —siete guardias civiles y una compañía entera de asalto— hacían fuego en descargas sobre la choza, de arriba abajo y a una distancia de quince metros. El fuego se dirigía por dos frentes y las balas se cruzaban en la techumbre. Como ignoraban que los sitiados se encontraban en un plano inferior a la rasante del campo, no podían explicarse que después de dos horas de fuego incesante continuaran en pie. El pueblo seguía colina abajo, apenas acusado por los ángulos iluminados aquí y allá por algunas bombillas. También en los momentos en que atenuaba el fuego se oía desde allí el fatigado restallar del motor. Una parte de las fuerzas atendía a los detenidos y cubría la espalda de los restantes. Como el terreno era muy quebrado y lo desconocían por completo, y como las noches sin luna son mucho más negras aquí que en Castilla o en el norte, cualquier rumor, cualquier sombra o engaño de la vista enturbiada por los nervios determinaba alarmas y disparos en todas direcciones. Aquellas primeras horas de la noche toda la parte alta de la colina crepitaba como una hoguera de ramas verdes.

Dos guardias de asalto intentaron penetrar en la choza por el boquete que la comunicaba con el corralillo de al lado. Saltaron la cerca. Seisdedos y su yerno percibieron la maniobra y cambiaron de frente. Hicieron dos disparos. Uno de los guardias retrocedió y volvió a saltar la pequeña tapia. El otro recibió una herida en el hombro y cayó. El resto de las fuerzas no habían advertido lo que ocurría porque las sombras eran muy densas. Una hora después oyeron grandes lamentos y voces pidiendo auxilio. Cesaron los disparos y se oyó la voz del guardia herido:

—¡No tiréis más! Acercarse y hablarles, que se entregarán.

Los guardias creyeron que eran los de la choza, que era el Seisdedos, y redoblaron el fuego. Pero seguían los lamentos y de nuevo los guardias dejaron de disparar.

—¿Quién eres tú? —preguntaron.

Dijo su nombre. Le pidieron los de sus jefes, y los soltó de carrerilla. Entonces, y ante el temor de matar al compañero, destacaron a uno de los detenidos, advirtiéndoselo a Seisdedos. El detenido era Manuel Quijada. Sin quitarle las esposas bajó y se acercó a la choza. No se entendieron. Seisdedos no se entregaba. Pedía que dejaran salir a las mujeres y a un niño; pero advertía que él, por su parte, seguiría defendiéndose. El detenido insistió, y Seisdedos repitió su súplica. Los guardias pensaron que aquello era una añagaza para escapar y se negaron. Entonces Seisdedos insultó y retó a sus sitiadores. Cuando volvía, Quijada cayó herido por seis balas disparadas al mismo tiempo. Balas de máuser. (El forense tiene el informe.) El fuego se reanudó con la misma tenacidad. De la choza disparaban menos, quizá porque no podían hacer puntería y querían ahorrar cartuchos. Pero el guardia seguía gimiendo.

—Asaltad la casa. Si seguís así me vais a matar.

Se fue a intentar el asalto; pero de tal modo aumentó el fuego de los sitiados, que tuvieron que desistir. Eran ya las diez de la noche. El jefe de las fuerzas de asalto dio orden de que pidieran más a Jerez y bombas de mano a Cádiz. Antes de media noche se oyeron algunas descargas cerradas al otro lado de las cercas. Las balas no pasaron sobre la choza. Se oyeron, en cambio, lamentos, súplicas y gemidos. Algunos vecinos oyeron con toda claridad voces pidiendo auxilio:

—¡Compañeros, que nos asesinan!

**El viejo de la guerrera de rayadillo, muerto.—
Más fuerzas.—Ametralladoras y bombas de
mano.**

En la total obscuridad de aquel sector, las fuerzas pensaron que habían obrado con ligereza al permitir que las chozas próximas quedaran ocupadas. Un destacamento salió para desalojarlas. El guardia de asalto Fidel Madras había recibido una perdigonada en el brazo y la mano derechos, estando a cubierto del fuego del Seisdedos. Atribuyeron el disparo a algún campesino de los que habitaban en las inmediaciones.

En vano fueron recorriendo las chozas. Solo había dentro de ellas mujeres, algún niño y viejos inermes. Obligaban a encender luz bajo la amenaza de disparar, y después cacheaban y registraban, haciéndoles salir seguidamente a la calle y marchar hacia el centro del pueblo. En algunas chozas encontraron hombres jóvenes, que fueron acusados de dirigir el movimiento, y esposados, fueron conducidos a las cercas donde estaba el grueso de las fuerzas. Sucumbieron allí, José Toro y Manuel Pinto, este hijo único de una anciana de ochenta y dos años, que en el momento de la detención se hallaba enferma en la cama, y que no contaba con más familia. Penetraron también los de asalto en la choza del viejo aquel a quien presentamos al principio vistiendo una guerrera de rayadillo. Era el septuagenario Antonio Barberán. Estaba en la choza con un nietecillo de once años. Uno de los oficiosos informadores afirmó haberlo visto la noche anterior haciendo acusaciones ante Seisdedos y excitando a la rebeldía a los campesinos. Se refería, quizá, a las protestas del viejo —que nadie tomó en cuenta— contra los jóvenes descomedidos que le atropellaban con sus burros en las calles estrechas. Aunque un guardia del puesto declaró que no se había metido en nada, como el viejo, irritado, se levantara lanzando exclamaciones de protesta y el chico insultara a los guardias de asalto, estos dispararon sobre el anciano, que quedó muerto en la propia choza. Tanto el cadáver del viejo como el de Andrés Montiano fueron llevados aquella misma noche al cementerio.

Cuando se hubieron convencido de que los alrededores de la choza del Seisdedos estaban totalmente desalojados, las fuerzas volvieron a su puesto. Seguía la lucha. De la choza partían fogonazos de escopeta con lenta regularidad. De vez en cuando se oía también el estampido del mosquetón cogido por Seisdedos al guardia. Estos tiros eran poco frecuentes.

Pero las fuerzas no querían que se hiciera de día sin haber liquidado aquello. Todo tenía que estar resuelto aquella misma noche. Al día siguiente, con la luz del día, podían surgir complicaciones. El fuego no cesaba. Advirtieron que ya no tiraban con bala ni con *sorreras*, sino con perdigón; pero hacia las doce, en lugar de disparar solo dos escopetas, disparaban tres. Sin contar el mosquetón. La muchacha Francisca Lago había vuelto a entrar —nadie ha podido averiguar todavía por dónde ni de qué manera— llevándole a su padre la escopeta prometida. Quedó a su lado, disponiendo la carga. A medianoche tenían dos heridos: Pedro Cruz, con un balazo en la cabeza, y Josefa Franco, con el pecho izquierdo destrozado por un rebote. Francisca Lago había dicho al entrar:

—El guardia de la serca ha palmao, padre.

Pedro Cruz se mantuvo hecho un ovillo en el suelo, con la cabeza ensangrentada. Su sobrina, Mariquilla Silva, quiso hacerle un vendaje y curarle; pero vio que había muerto. Como el cadáver dificultaba los movimientos, fue sacado el del guardia y asomado a la cerca de al lado, donde quedó colgado hacia el corralillo. El de Pedro ocupó su lugar sobre el arca. Junto al cadáver del guardia dejaron dos gorras en lo alto de dos listones, que fueron acribilladas a balazos. Trataron de distraerlos para que pudieran huir las mujeres y el niño. Los atacantes, que tenían linternas de bolsillo y dejaron dos enfocando la choza desde lo alto, se dieron cuenta de la maniobra y arreciaron el fuego sobre la techumbre y los flancos. El guardia del corralillo seguía gritando y pidiendo auxilio, a pesar de lo que dijo Francisca Lago. En otro instante en que cesó el fuego, Seisdedos volvió a pedir una tregua para que se retiraran las mujeres y el chico. Los sitiadores consintieron en que saliera solo el último. En cuanto a las mujeres, podía ser una estratagema para huir todos disfrazados.

El muchacho salió, saltó la cerca sin dificultad y bajó hacia el pueblo corriendo. Seisdedos ordenó a Mariquilla:

—¡Anda tú también! ¡Vivo!

Ella se resistía. Seisdedos la empujó. Mariquilla se vio

fuera, sintió unas ráfagas de luz a su alrededor y corrió a resguardarse junto al borrico. Le hicieron fuego; pero pudo saltar y huir. El animal quedó acribillado a balazos.

En aquel momento llegaba otra compañía de asalto completa, con bombas de mano y ametralladoras.

Sería la una de la madrugada o quizá algo más. Los cuatro hombres que quedaban en la choza tenían las armas siguientes: dos escopetas con perdigón conejero, una con postas *sorreras* y el mosquetón del guardia, al que todavía le quedaban lo menos ochenta tiros. Quedaban allí dentro dos mujeres: Francisca Lago, de dieciocho años, y Josefa Franco, de algo más de treinta. Esta, herida. Cuando comprobaron que Mariquilla, la Libertaria, se había salvado, se sintieron reanimados. Era un verdadero triunfo. Quizá Seisdedos pensó que no se acabaría del todo su familia.

Vuelve el ataque.—La choza es un pequeño volcán.—Dos cabos de asalto, heridos.—El incendio.

Las fuerzas recién llegadas se movían con recelo, hasta quedar parapetadas y dispuestas. El viaje había sido sobresaltado. Informes de Medina aseguraban que toda la zona estaba en poder de los revolucionarios. Ya en el pueblo la tragedia estaba en la soledad de las calles, en el gesto de los terratenientes, en las cifras exageradas que se daban al hablar de las bajas de las fuerzas de asalto. Llegaron a los altos de la colina con el ánimo dispuesto a lo épico. Hay que tener presente que no pocos de los que constituyen esos cuerpos de represión proceden del Tercio, acostumbrados en Marruecos al olor de la sangre. Ya parapetados, las descargas eran mucho más nutridas. Había dos compañías de asalto, y como la concentración de Guardia Civil continuaba, había que contar también ocho o diez parejas. Pero la iniciativa allí correspondió en todo momento a los de asalto. Doscientos fusiles disparando sin cesar sobre la choza de barro y ramaje es algo que no se explica aquí, en el lugar del suceso, ante el pequeño cuadrilátero cubierto de cenizas, de las que emerge todavía el esqueleto retorcido de la cama de hierro.

Transcurrieron dos horas de intenso fuego. La madrugada avanzaba sin que la resistencia del Seisdedos cediera. Habían vacilado en emplear las bombas de mano, porque temían que abrieran brechas en algún lugar resguardado del fuego y pudieran huir los sitiados. Por fin, y con la orden de arrojarlas solo sobre la techumbre, comenzaron a caer las granadas. Estallaban en los ángulos, en la cima, con estruendo. Dentro seguía el fuego. Dos abrieron brecha en el muro, y entonces, mientras seguían cayendo bombas sobre la techumbre y esta crujía y se cuarteaba, dos cabos de asalto corrieron a emplazar una ametralladora. Fue necesario el auxilio de una lámpara de bolsillo para colocar los peines, para enlazar los cargadores. Apenas encendida, sonaron dos tiros en la choza, y el cabo José Sánchez recibió en las manos una perdigonada. Al otro, Manuel Martínez, le alcanzaron varias postas en la frente y en la boca. Fueron retirados y substituidos. Ya sin aventurarse a encender luz, la ametralladora se emplazó y comenzó a funcionar. A su fuego regular y mecánico se unían las descargas cerradas de los fusileros y las bombas, que, una tras otra, estallaban sobre la choza.

Así transcurrió una hora más y otra. La techumbre estaba destruida casi por completo. Era un montón de leña. Algunas granadas prendieron en la paja, y eso les sugirió la idea de incendiarla. Se aproximaba el amanecer, y para entonces debía estar todo resuelto. Dentro de la choza seguían disparando. Se oían alaridos y gemidos de mujer. Debían estar heridos todos. Los guardias lanzaban granadas y la ametralladora había callado y esperaba que intentaran salir los revolucionarios por el boquete abierto, para dispararles a campo libre. De las

cercas más próximas a la choza —unos nueve metros—
lanzaron dos paquetes de algodón impregnados en gasolina. Luego, algunas tablas y trozos de ramas envueltas en algodón también impregnado. Quedaron inter-
ceptadas entre la techumbre y bastaron dos granadas
para que la gasolina se inflamara. Entonces cesó el
fuego. La choza ardía. Se veía perfectamente el borrico
muerto en la cerca de al lado, el cadáver del guardia
asomado fuera. Fusiles, ametralladoras y bombas callaban, esperando.

Francisco Lago y su hija intentan huir.—Los otros siguen disparando.—Por fin...

El fuego daba un rumor creciente entre pequeños estallidos. Iluminada por las llamas, la humareda era gris al principio. Luego, sobre el cielo, que comenzaba a clarear, era negra y se disgregaba hacia el interior. Soplaba, como siempre, a esa hora, un poco de viento del mar. Dentro de la choza los disparos eran muy espaciados. Voces, ayes, insultos y esas frases en las que Seisdedos no tuvo parte, sin duda, pero que, habiendo mujeres de dieciocho años y estando allí padres, hijos, hermanos, debieron ser inevitables. Doscientos hombres asistían a aquel espectáculo en silencio, aguardando para impedir que se salvara nadie. La muchacha, que volvió a la choza con la escopeta para su padre, Francisca Lago, asomó un instante entre las llamas. Subió al boquete gateando. Salió cara a los parapetos de los guardias enloquecida, con las ropas y el pelo en llamas. Corrió, dando alaridos, pidiendo auxilio. La ametralladora la derribó a unos diez pasos de la choza.

También su padre, Francisco Lago, quiso huir. Probablemente lo hubieran intentado todos, pero los otros cinco debían estar heridos. Francisco no pudo andar tanto trecho como su hija. Quedó muerto en el mismo agujero, al salir. Su cuerpo, que fue doblándose bajo el fuego mecánico de la ametralladora, apareció chamuscado, con quemaduras en las piernas y en la cabeza. La techumbre seguía ardiendo y derrumbándose hacia adentro. Vigas, ramaje, caían en el interior en llamas. Todavía sonaron algunos disparos dentro y cayeron varias granadas más sobre la hoguera. Después, al olor de maderas quemadas sucedió el de la carne. El humo era más denso y apelmazado. Habían cesado los lamentos y los disparos. Cuatro hombres y una mujer ardían vivos bajo la hoguera: el Seisdedos, dos hijos, una nuera y un yerno. El fuego iluminaba los alrededores. Todo había terminado. La mayor parte de las fuerzas se iban aventurando ya a bajar. Del cuerpo de la hija de Paco Lago salía humo. Seguían ardiendo sus ropas. Se acercaron y comprobaron que había muerto.

Algunos de los guardias se dedicaron a transportar tres cadáveres de otros tantos campesinos a los que habían fusilado «para ahorrarse el cuidado de su custodia», desde el lugar donde cayeron a la choza de Seisdedos. Comenzaba a amanecer, sin sol, con la niebla de los amaneceres de Marruecos. Dos guardias cogían un cadáver y lo transportaban dificultosamente, apoyando los pies en la resbaladiza grava. A veces hubo que soltarle para no caer. Volvían a recogerlo y bajaban. Y al lado de la choza lo lanzaban sobre la cerca, como un fardo. Aparecen quemados, naturalmente, por el costado que estaba hacia abajo en contacto con el fuego. Antes de terminar esa triste faena aparecieron por la torrentera dos o tres vecinos curiosos o aterrorizados. Los guardias los ahuyentaron a tiros.

Los cinco de la familia de Seisdedos que quedaron bajo las brasas rompían la tradición española. En Numancia murieron los celtíberos sobre las hogueras. En Valladolid y Toledo, los herejes, también sobre ellas. El Seisdedos y los suyos murieron debajo. Claro está que Roma pasó y los celtíberos del Duero siguen organizándose en fratrías con nombres distintos, y que la Inquisición pasó y los herejes siguen e imponen su ley. Y que visto así, en la Historia, los siglos son cortos. Esto sin recordar que existe un sistema capaz de crear vida nueva con toda esta sangre.

La mayor parte de las fuerzas fue desfilando hacia el centro de la población. Quedaron arriba algunos centinelas para que la gente del pueblo no se acercara. Consumida la techumbre, las vigas y travesaños, la mesa de pino y las sillas, los dos taburetes, las culatas de las escopetas, los jergones de paja y la poca grasa de los cuerpos de los sitiados, el fuego fue apagándose. La choza presentaba el aspecto de una fosa cuadrada, con restos humanos cubiertos de ceniza. Las paredes de barro habían desaparecido en su mayor parte y quedaba apenas señalada la base con un reborde que encuadraba los restos y las cenizas. Los arcos finales de la cabecera y los pies de la cama sobresalían retorcidos.

Sobre aquella fosa cayeron los cuerpos de los tres que fueron muertos fuera de la choza. Rostros afilados por el hambre y por la muerte. Gestos dislocados, con brazos y piernas en extrañas actitudes. Allí quedaron esperando al juez de instrucción.

Las tropas en la plaza.—La orden de *razziar* la aldea.

Destruida la choza, asesinado también con las esposas puestas Manuel Quijada y golpeada bárbaramente su mujer, Encarnación Barberán, que quiso protestar, los guardias bajaron en una columna disforme hacia la plaza y formaron en el centro. Más de doscientos hombres. El cura preguntaba tímidamente si había que usar sus servicios y preparaba un sermón para la primera ocasión en que hubiera que repartir en la iglesia «la limosna». Los oficiales iban y venían con papeles. Después de los disparos últimos contra un grupo de curiosos, todo el mundo había vuelto temerosamente a sus casas, a sus albergues. La luz de las siete de la mañana llegaba por la parte del mar, lívida y penetrante. El jefe paseaba ante la doble fila de las fuerzas formadas. La humareda que seguía subiendo desde lo alto de la colina terciaba el cielo de la aldea con una faja negra. Ardían los cuerpos desmedrados de los campesinos. Todas las viviendas de la aldea estaban cerradas. Los jefes iban y venían con papeles. Uno dijo apresuradamente:

—Tengo órdenes rigurosas y concretas de hacer un escarmiento.

Miró el reloj y añadió:

—Doy media hora para hacer una *razzia*, sin contemplaciones.

Esta orden no se limitaba expresamente a los sucesos de Casas Viejas, sino que se había dado el día 11 con carácter general a todos los lugares donde se habían producido desórdenes, como otras órdenes no menos bárbaras;* las fuerzas rompieron filas y se diseminaron en dirección a la torrentera, hacia las chozas de los jornaleros. Un guardia preguntaba:

—¿Qué es una *razzia*?

Y otro respondía, cerrando la recámara del fusil:

—Que hay que cargarse a María Santísima.

En las calles no había un alma. Los campesinos permanecían con sus familias, silenciosos, en las chozas. A la

---

* Después firmaron y publicaron algunos oficiales, en su descargo, el acta siguiente:

«En Madrid, a 26 de febrero de 1933.

»Los capitanes de Seguridad que mandaban el día 11 del pasado mes de enero las compañías de asalto residentes en aquella fecha en esta capital certifican lo siguiente:

»Que por el prestigio y dignidad del Cuerpo de Asalto, al que se honran pertenecer, manifiestan que en la citada fecha les fueron transmitidas desde la Dirección General de Seguridad, por conducto de sus jefes, las instrucciones verbales de que en los encuentros que hubiese con los revoltosos con motivo de los sucesos que se avecinaban en aquellos días, el Gobierno no quería ni heridos, ni prisioneros, dándolas el sentido manifiesto de que le entregáramos muertos a aquellos que se les encontrasen haciendo frente a la fuerza pública o con muestras evidentes de haber hecho fuego sobre ellas.

»Y para que conste, firman por duplicado el presente escrito. ¡Viva la República!—Félix F. Nieto, Gumersindo de la Gándara, Faustino Ruiz, Jesús Loma. (Y una firma ilegible. Rubricadas todas.) ¡Viva la República!»

puerta de una de ellas lloraba el niño de once años Salvador del Río Barberán. Llevaba en la mano un cartucho de fusil, disparado. Los guardias le dijeron, riendo:

—Tira eso, muchacho, que no es un pastel.

Luego empujaron la puerta. En el fondo, el viejo Antonio Barberán —el de la chaqueta de rayadillo— yacía sobre un charco de sangre. El muchacho lloraba y juraba que su abuelo no era anarquista. El guardia bisoño subió calle arriba con los otros, conocedor ya de lo que era una *razzia*. Atrás quedó el muchacho midiendo con los ojos la soledad de la calle. El pueblo había enmudecido. Después de las ilusiones de la noche del día 11, todo volvía a su viejo ser. Las tierras seguirían alambradas y cercadas «para nadie». El hambre y la desesperación, el no hacer nada y la esperanza —como único horizonte— de que el cura los convocara un día u otro —quizá mañana, siempre ese «quizá»—, para darles un bono de una peseta canjeable por sesenta céntimos de víveres; ese porvenir inmediato les aguardaba. No se veía otra cosa en los meses que faltaban hasta la siega. Las hoces esperaban clavadas en la paja de la techumbre. La ilusión de las cuarenta y ocho horas anteriores los había vivificado. Nadie se acordó de comer ni de dormir.

Pero la represión, la destrucción de la choza de Seisdedos, los asesinatos de Francisca Lago y de su padre cuando intentaban huir con las ropas ardiendo, todo aquel estruendo de bombas y fusilería al que estuvieron atentos los campesinos desde sus camastros; el recuerdo de Manuel Quijada, esposado, que caía bajo los culatazos de los guardias y era levantado a puntapiés para morir, por fin, ametrallado frente a la choza; los asesinatos de otros tres detenidos, muertos a bocajarro junto a las cercas; la muerte del septuagenario Barberán al lado de la cama que acababa de abandonar, esos acontecimientos eran conocidos rápidamente en todo el pueblo. Durante la noche, los campesinos afiliados al sindicato, que tenían armas, huyeron. El campo los acogería en la noche fraternalmente. Por la tierra, por la superficie cultivable, todavía virgen, habían intentado implantar el «comunismo libertario». En la conquista del campo empeñaban la vida. La habían dado ya muchos campesinos. Al campo fueron a refugiarse. Entre los que quedaban en el pueblo apenas se podrían contar dos o tres testigos de los sucesos y miembros del sindicato. En la aldea había teléfonos misteriosos que comunicaban con Madrid y con Cádiz constantemente. Había papel para los atestados, sellos judiciales, casas donde tomaban el desayuno los oficiales y los enviados del Gobierno —había llegado uno, de Cádiz—. Había la inseguridad de ofrecer la paz sin que la aceptara el enemigo. La probabilidad de levantar los brazos inermes ante cuatro fusiles y recibir, sin embargo, la descarga. Estaba a cada paso la tapia de los fusilamientos. En el pueblo todo les podía ser hostil. En el campo, un obscuro instinto les decía que todo habría de serles favorable.

El asesinato de Juan Silva González.—¿Cómo quiere que entre, si me voy a quemar?

Un grupo de guardias de asalto, a los que acompañaba un guardia civil del destacamento permanente de Casas Viejas, echó abajo la puerta de la choza de Juan Silva González. Este protestó, advirtiendo que les hubiera abierto voluntariamente. Lo encañonaron y lo obligaron a salir con los brazos levantados. El guardia civil les advirtió que era un campesino honrado y que daba su palabra de que no había intervenido en los sucesos. Los de asalto, después de una breve discusión, le dijeron que podía quedarse en su casa. Una mujer de la familia atribuye lo que ocurrió después a las maneras un poco desenvueltas de Juan cuando se dirigió a los guardias reconviniéndoles el haber echado la puerta abajo.

Un cuarto de hora más tarde regresaban los guardias de asalto solos, sin la compañía del guardia civil. Volvieron a encañonarle:

—Salga afuera.

Su mujer advirtió:

—¿No han oído ustedes al guardia civil que no tenía culpa de nada?

—Sí —respondió uno de asalto—. Es para una declaración. Salga a la calle.

Obedeció y fueron con él en dirección a la choza de Seisdedos. Allí había un oficial y otros guardias. Estos le ordenaron, señalándole las ruinas humeantes de la choza:

—Entre usted ahí.

—Hombre —respondió Juan—, ¿cómo me manda eso? ¿No ve que está ardiendo?

Un poco más lejos de las ruinas yacía, todavía humeante, el cadáver de Francisca Lago, sobrina suya. Juan, que ignoraba los pormenores de lo ocurrido por la noche, no sabía qué hacer. Un guardia se impacientaba:

—Vamos, entre usted.

—¿Cómo quieren que entre —insistió—, si me voy a quemar?

Pero se acercó al fuego, y cuando se disponía a trasponer la cerca, los guardias dispararon sobre él.

Luego le apoyaron una pistola en la sien y le «volaron la cabeza», como decía una mujer que lo presenció, y a la que obligaron a marcharse apuntándole con los fusiles y advirtiendo:

—Como vuelva la cabeza se va a encontrar con un balazo.

En la plaza estaba el delegado gubernativo. El teléfono seguía comunicando con Cádiz y con Madrid. Las fuerzas de asalto se sentían asistidas en todo momento por «razones superiores». La defensa del régimen.

Cuando cayó Juan Silva subían en cuerda de presos cuatro campesinos más.

Lo que dicen las madres de esos cuatro campesinos.

Preferimos copiar de la declaración oficial que hicieron después, las mismas palabras de las madres de Juan y Manuel García Benítez, Juan Grimaldi y José Toro. Son más expresivas que todo lo que nosotros pudiéramos decir:

«Dolores Benítez. De cuarenta y ocho años, casada, con siete hijos. Rectifica este número: "Digo, cinco, que dos me los mataron". Que sus hijos Juan García, de veintidós años, y Manuel, de veintiuno, aquella noche se acostaron juntos en la cama de su madre. Que a las doce de la noche, poco más o menos, se levantó con su marido y se sentaron sin encender lumbre por miedo a los tiros, que se oían constantemente.

»Ya de madrugada vio arder la choza de Seisdedos. Que llamó a sus hijos mayores —los dos citados—, asustada, para que le ayudaran a tener cuidado no se corriera el fuego por las demás chozas hasta la suya. Que así estaban cuando, ya "día claro", oyó mucho ruido en la puerta y entraron varios guardias. Que dijeron:

»—¡Que se levanten y salgan los hombres!

»Sus hijos salieron —sigue diciendo la madre—, y al verla llorar, el mayor le dijo que se tranquilizara, "porque el que nada hace nada teme". Añade la declarante que se llevaron a los dos y que ella les siguió; pero tuvo que volver, porque un guardia le dijo:

»—Si no vuelve usted p'atrás, le soltamos una descarga.

»Que se quedó cerca y oyó decir: "Con estos ya hay bastante." Oyó gritar a mucha gente y muchos tiros, y después subió a la choza del Seisdedos y se los encontró "cadáveres, cruzaíto el uno sobre el otro". Que había "un reguero de sangre *diforme* que no había dónde poner los pies". Que el mayor tenía "volaíta la cabeza, y el otro ya no lo vio, porque al dolor se le perdió el mundo de vista".

»María Villanueva. De setenta años, casada; está presa de enorme emoción, fatigadísima. Dice: Que estaba con su *niño* Juan Grimaldi, de treinta y tres años (aclara: Para una madre siempre un hijo es un niño); que fue el que le mataron. Que estaba en su casa, sobre las ocho de la mañana, y llegaron una multitud de guardias de asalto, que entraron en su casa —la puerta estaba abierta y su hijo "acabaíto de levantar"—, y dijeron: "Hombres afuera", saliendo el padre y el hijo con "los brazos contra el cielo". Que entró un guardia y con el cañón de la escopeta le volcó la cama, y, al lamentarse, le dijo: "Busco a ver si hay escopeta". "Aquí no hay ná de eso", replicó ella. Que en la habitación del "lao" estaba su hija como muerta, y ella se lo dijo al guardia. Frente a la puerta estaba el guardia civil de Casas Viejas. Salvo. Que los de asalto, al ver a ella llorar y abrazarse a su hijo, la quitaron, diciéndole "que no le iba a pasar nada; que era para tomarle una declaración". Que uno que había "con tres estrellitas en la gorra" (el capitán) les dijo a unos guardias de arriba que tiraban: "No tirar, que hay mujeres y niño aquí". Que a su hijo se lo llevaron al "matáero" (esto dice la frase con todo su realismo). Y allí se lo dejaron muerto. Que fue para allá, a verlo, y un guardia la apuntó y amenazó con matarla. Que con su pena "cayó al suelo y de allí la recogieron". Que "toíto el pueblo sabe lo bueno que era su hijo, y lo noble, que nunca se había metido en nada".»

Y veamos todavía otra declaración: la de María Toro.

«De cuarenta años, viuda. Que a su único hijo, de veintitrés años, "se lo han matao". Que sobre las siete de la mañana fueron a su casa los guardias de asalto, y a su hijo, "que estaba sentaíto en una silla, pues se acababa de levantar y estaba malo", le estaba ella haciendo una tacita de café. Que entraron los guardias y se lo llevaron, y "aunque ella les lloraba y les enseñaba, como prueba de que no se había metido en nada, su cama calentita, se lo llevaron, tirándole todos los muebles por alto". Le dijeron "que iban a tomarle declaración". Que como no volvía, se fue hacia la corraleta y vio a su hijo muerto, con un boquete en la cabeza, y se llenó con su sangre las manos "pa besarle el cuello". Que han hecho una cosa muy mala con su hijo de su alma.»

Hay una madre que no pudo declarar. El que declaró después fue el hijo. Los guardias entraron en una choza donde no había hombres. Estaba sola una anciana, llamada Joaquina Jiménez; los guardias preguntaron por «su hijo», sin saber si lo tenía. La mujer confesó que había huido al campo. Entonces apalearon a la anciana, produciéndole tales heridas que falleció días después. A su hijo, Francisco Jiménez, le llaman *el Gitano*.

Un campesino enfermo a quien invitaron a sentarse y dos de pie.

Los guardias seguían recorriendo la aldea, entrando en las chozas donde suponían que podía haber algún rebelde. Estos habían abandonado el pueblo, y en número de cuatrocientos vagaban por el campo. La Sierra de Ronda comenzaba algunos kilómetros más al norte, y ya es tradicional como refugio seguro contra los fusiles y contra los jueces. Reloj en mano, los oficiales esperaban el cumplimiento del plazo señalado, *razziando* con prisa. El pueblo seguía desierto. Los campesinos se apiñaban en el fondo de las chozas con la mujer y los hijos. Después de los fusilamientos primeros habían quedado, con el eco de los tiros enredado en las chumberas, unas sombras desesperadas que vagaban por las cercanías sin poder aproximarse a las ruinas quemadas. Esas sombras —las mujeres Dolores Benítez, María Villanueva, María Toro—, con su sola presencia, con su ir y venir apresurado y sin objeto, y con sus alaridos, eran la conciencia despierta del pueblo. Sin que nadie lo dijera expresamente, todos sabían lo que estaba sucediendo.

Una de las chozas que elevaba su cono de paja y ramilla a un lado de la torrentera era la de Manuel Benítez.

En el fondo de la choza, Manuel formaba con su mujer, Sebastiana Reyes, y sus cinco hijos, un apretado grupo. Manuel estaba enfermo; pero se había levantado con la alarma de la noche y, sentado, rodeado de los suyos en silencio, tendía el oído sobre la calle desierta, sobre el pueblo. A veces se acercaba un rumor de cacería y volvía a alejarse. Manuel Benítez estaba enfermo. Sabiendo que hay hambre en el mundo, no había que preguntar la enfermedad. Recordamos al campesino que decía después de un viaje del gobernador:

—Lo que el señó gobernador ha dicho de paz y de calma, está muy bien; pero yo llevo muchos días saliendo de mi casa antes de que mis hijos se levanten, y volviendo después de haberlos acostado, para no pasar por el dolor de oírles pedirme pan y no podérseles dar.

El rumor de cacería se aproximaba. No podían percibir las palabras, pero se oían tiros sueltos y las características voces de ojeo. Manuel Benítez, desde aquel hambre de tres días sin bono de pan —sin el subsidio—, oía las pisadas firmes y las voces de los guardias con espanto. Para tranquilizar a los suyos fingía serenidad y confianza. Ya las voces en la misma puerta, se dirigió a su mujer con una advertencia. De sus tiempos de guarda de campo tenía una escopeta, vieja e inservible.

—Anda vivo a esconderla —le dijo.

La mujer se disponía a pasar al departamento contiguo, cuando la puerta se abrió. Aparecieron tres guardias.

—¿Qué hace usted? —preguntaron a Manuel.

—Ya lo ven. Estar con mis hijos.

La mujer iba a pasar al cuarto de al lado; pero los guardias —que los encañonaban— le ordenaron que permaneciera quieta. Registraron minuciosamente las dos habitaciones y encontraron la escopeta. La mujer les explicaba:

—No se ha disparao desde hace diez años.

Los guardias no contestaron. Ordenaron a Manuel que se levantara y saliera delante. Los hijos se colgaban de su cuello, y un guardia les advirtió, acariciándoles las mejillas:

—No llorar, nenes; palabra que no le hacemos nada a papá.*

Con los guardias iba un oficial. Manuel Benítez andaba con dificultad. Tres días en la cama, las dos noches anteriores en vela, habían debilitado sus piernas. Para seguir subiendo, los guardias tenían que sostenerlo por debajo de las axilas. Al llegar a la corraleta de Seisdedos, Manuel vio a los cuatro que acababan de fusilar y otros que todavía estaban en pie: Juan Cantero, casi un muchacho, y Fernando Lago, ya maduro. Los dos eran personas honradas, muy estimadas en el pueblo. Iban maniatados. Los guardias, al verlos, se acordaron de pronto de que Manuel iba con las manos sueltas. Le pusieron las esposas. Advirtió que estaba malo. Un guardia civil lo hizo notar también al oficial. Este se encogió de hombros y dijo:

—Tengo órdenes terminantes.

Pero al ver que el aspecto del detenido era verdaderamente el de un enfermo, le invitaron a sentarse en un poyo de tierra.

El capitán de asalto dijo a los detenidos:

—Pasad a ver el cadáver del guardia.

---

* Declaración oficial de Sebastiana Reyes Estudillo.

Los dos avanzaron hacia las ruinas de la choza. Manuel Benítez se limitó a volver la cabeza. Entonces el capitán dio la voz de «¡Fuego!» y se hicieron varias descargas, hasta que murieron los tres.*

---

* «... fueron llevados a la casa del Seisdedos, y después de esposados con cuerdas les dijo el citado capitán: "Pasad a ver el cadáver del guardia". Pasan fiados en esto, y a la voz de "¡Fuego!", dada por el capitán, disparan algunos guardias de asalto y dos guardias civiles repetidas veces, siendo meros testigos presenciales los dos oficiales Artal y Álvarez, además del delegado del Gobierno.» (De las declaraciones oficiales prestadas por los guardias ante la Comisión Parlamentaria.)

Algunas palabras de los familiares de esas tres víctimas.

He aquí lo que dijo en sus declaraciones Sebastiana Reyes Estudillo, de treinta y ocho años, viuda «porque me lo mataron». Dice: «Que a las siete de la mañana del día siguiente, su marido, Manuel Benítez, y sus cinco hijos, se acababan de levantar. Que su marido estaba malo y de poco ánimo. Que oyó muchas voces, y al abrir la puerta "se colaron tres guardias de asalto". Que al ver a su marido, le dijeron: "Usted, ¿qué hace?". "Ya ustés lo ven; estar con mis hijos al cuidao." Que registraron "toíta" la casa y se llevaron una escopeta muy vieja que tenía su marido de cuando fue guardia de campo. Que esa escopeta no disparaba. Que se llevaban a su marido, y como sus niños lloraban, abrazaítos a su padre, les dijeron: "No llorar, nenes; palabra de caballero que no le hacemos nada a papá". Que iba un jefe detrás. Que cuando fue a la corraleta vio a su marido muerto de un tiro, "que le había comío un peazo del cráneo". Que lo que han hecho es un crimen que no tiene perdón».

Los otros detalles los hemos tomado de fragmentos de otras declaraciones, donde fueron expuestos.

Rosalía Estudillo Mateos se presentó a declarar espontáneamente ante la Comisión, y su declaración consta en los siguientes términos:

«Que le han "matao" a su marido, Fernando Lago, y a su hija Manuela Lago, de diecisiete años. Esta infeliz fue de visita a casa del Seisdedos, que era de todos conocido, y estando allí le cogió los tiros y se tuvo que quedar, y sabe que al querer salir "juyendo" la mataron los guardias. Que a su marido, por la mañana, lo sacaron de su casa y le amarraron las manos, y como los hijos lloraban, "abrazaos" a su padre, uno le dijo: "Nena, no llorar. Ya tu padre vuelve". (En este instante, una niña de catorce años, que la acompaña, dice: "A mí me lo dijeron, y era pa matarlo".) Que después se lo mataron en la corraleta, con otros.»

El padre de Juan Cantero hizo su declaración, que consta en los siguientes términos:

«Francisco Cantero está afiliado al partido socialista de Casas Viejas. Dice que a las nueve del día 11 estuvo en la posada de Montiano; que oyó disparos y se metió en su casa. El día 12 salió con otro compañero socialista, a las diez de la mañana, para ver la choza de Seisdedos. Manifiesta que vio cómo a su padre lo sacaban de su casa y luego volvía. A su hijo Juan lo llevaron a la choza de Seisdedos, donde le mataron. Vio que lo sacaban los de asalto. A los pocos minutos de salir Juan de su domicilio oyó una descarga en la choza de Seisdedos.

»Dice que en el Centro Socialista se reunían los domingos, y que él oía que lo que se pretendía en España era implantar la Reforma Agraria a base del reparto de las tierras para que se acabase el hambre y para que todos fueran iguales. Manifiesta que le pegó y maltrató el guardia García.»

Pero la *razzia* no había terminado aún. El pueblo estaba sumido en el horror y el espanto. Las fuerzas continuaban registrando hogares y llevándose a los jóvenes o a los viejos, según la inspiración del momento. Los alrededores de la choza de Seisdedos se poblaban de nuevas sombras: esposas, madres, hijas. Los hombres no se atrevían a salir, porque hacían fuego sobre ellos en cuanto veían alguno por la calle.

He aquí las palabras de Encarnación Barberán (viuda de Manuel Quijada, a quien mataron con las esposas puestas): «A su marido, Manuel Quijada, lo sacaron de su casa a las dos de la tarde del día anterior, y lo tiraron al suelo, dándole puntapiés y culatazos, dejándolo medio muerto. Que después lo mandaron a la casa del Seisdedos "esposao", y ya iba muertecito por la paliza tan terrible que le dieron, y allí se quedó "pa siempre". Que a ella también le pegaron los guardias con los vergajos.» (Varias personas confirman literalmente esta declaración.)

Estos casos fueron muy abundantes. Además de la madre del Gitano, murió también otra mujer llamada Vicenta Pérez, madre del detenido Sebastián Pavón. Esta mujer, después de ser apaleada brutalmente por el guardia civil García, y huyendo de las amenazas de muerte que contra ella y sus tres hijos recibía constantemente, marchó a Cádiz al día siguiente de los sucesos, para refugiarse al lado de unos parientes. Inmediatamente de llegar fue sometida a curación; pero las lesiones y las impresiones morales recibidas determinaron su muerte pocos días después. Tenía cincuenta años y era de complexión fuerte.

Sigue la _razzia_, y la cuentan los mismos campesinos.

Por procedimientos casi idénticos, usando a veces las mismas palabras, fueron detenidos, esposados y fusilados siete campesinos más. Veamos cómo lo cuentan sus propios familiares en algunos casos. En otros, por haber muerto también o huido al campo, no se han obtenido declaraciones de ese valor.

«María Cruz García. De cuarenta y tres años. Diez hijos, y con el que le mataron, once. Su hijo muerto se llamaba Andrés, de veinte años. Que su hijo estaba en la casa de su abuelo, junto con el hijo de Isabel Montiano; que "al pobrecito" también lo mataron. Que a las claras del día 12 llegaron los guardias de asalto y se llevaron a su hijo y al de Isabel, y ante sus lamentos les dijeron que no se asustaran, que era para tomarles declaración: que no les pasaba nada. Que viendo que tardaban, su cuñada Isabel fue hacia la choza del Seisdedos, donde había visto que los llevaban, y los vio "tiraítos de espalda", y que volvió y le dijo a ella, llorando: "¡Nos los han matao, nos los han matao!". Que fueron otra vez a la choza y no había guardia alguno, y allí había "ríos de sangre que se bebían los perros". Que se los mataron de un modo criminal, quitándole el único que ayudaba a su padre. Que es un crimen muy grande. Que solo le pedía a Dios que haga con ellos lo mismo que han hecho "con el hijo de mi alma". Que estaban "como parvos, tiraítos en el suelo". Que iban dos guardias civiles acompañando a los guardias de asalto para que sacaran a los que ellos decían.»

Un caso de verdadero laconismo, en medio de las declaraciones de las madres y las esposas de las víctimas, es el de Diego Fernández, que se limitó a decir: «De siete a ocho de la mañana sacaron a mi hijo por la violencia y lo llevaron a la choza del Seisdedos, donde le ataron las manos con una cuerda y lo fusilaron».

Salvador Barberán Romero, hijo del anciano Antonio Barberán, relata otros dos fusilamientos. Conservamos en sus palabras todas las repeticiones —hechos y frases— en relación con los fusilamientos anteriores. Dice Salvador Barberán «que de día claro llegaron a su casa los guardias de asalto con el guardia civil Gutiérrez. Que mandaron salir a todos para fuera, y al verle a él, el guardia Gutiérrez les dijo a los de asalto: "No tirar, que es un muchacho honrado". Que al rato volvieron y traían a dos hombres: uno, Manuel Benítez, de unos cuarenta años, y otro, un mozuelo. Los traían amarrados. Que le preguntó a Manuel que qué pasaba, y este les dijo: "Nada de particular creo yo", Que él le contestó: "Nos parece que lo malo ya ha pasado". Que los guardias de asalto dijeron: "Vamos p'alante", y se llevaron a los dos. Que un guardia que quedó le dijo: "Vamos, ¿qué hace usted? ¡Venga para allá!". Que le dijo: "Deje usted que me despida de mi mujer y la tranquilice". Que se lo llevaron. Que los guardias le decían a Manuel, ya delante del corralito del Seisdedos: "Hala pa dentro", y este les dijo: "Hombre, ¿cómo voy a entrar pa quemarme?". Que entonces le empujaron a culatazos a los dos, que ya había allí un montón de muertos. Que al ver aquello le dijo a un guardia civil: "Hombre, llame usted a Gutiérrez, que me conoce". Este le dijo: "Anda, corre y vete a tu casa". Que a este guardia civil le debe la vida. Que al llegar a su casa le dijeron que habían matado a su padre y vino a casa de este, y declara que lo vio muerto en el rincón. Que había un charco de sangre muy grande y huellas de balazos en la pared. Que con su padre, anciano de setenta y cinco años, han hecho un crimen infame, ya que lo mataron en su casa y sin haberse metido en nada.» No hay declaraciones de los familiares de otras tres víctimas: José Utrera, Juan Galindo y Rafael Mateo.

Después de los fusilamientos.—Sol sobre la choza.

Al final, cuando el sol asomaba ya sobre la Sierra de Ronda —hacia las ocho y media de la mañana—, los guardias oyeron a los jefes repetir:

—¡Ya hay bastante!

Volvieron a bajar a la plaza. En las callejuelas colindantes aparecieron algunos grupos de asalto que conducían, a golpes y puntapiés, a dos campesinos maniatados. Los jefes, al verlos, les repetían la frase anterior:

—¡Ya hay bastante!

Y los campesinos, en lugar de ser llevados a la corraleta, pasaban a formar en la cuerda de los presos que habría que enviar a la cárcel de Medina Sidonia. Uno de los que fueron golpeados más brutalmente se llama Francisco Rocha, enfermo, y todavía resentido de las lesiones;* José González Pérez, también enfermo, que llevaba seis meses sin trabajo, con cinco hijos, el mayor de nueve años, era asimismo conducido por el sargento

---

* «Francisco Rocha, de aspecto muy enfermizo, manifiesta estar enfermo hace tiempo, y ahora agravado por los malos tratos recibidos. Nos enseña lesiones y contusiones inequívocas.» (De la declaración ante la Comisión Parlamentaria.)

María y el guardia civil García a culatazos y puntapiés. No recibían el subsidio de paro ni se les entregaba después ese subsidio a ninguna de las familias de los detenidos.

Las fuerzas recogieron también al campesino José Monroy y lo condujeron a la plaza. Arriba quedaron, en la choza todavía humeante, catorce cadáveres sobre las cenizas, dos más a medio quemar —todavía ardían las ropas de Manuela Lago— y seis carbonizados. Las fuerzas fusilaron a los campesinos junto a la choza de Seisdedos por dos razones: por entender que luego podría fácilmente hacerse recaer la responsabilidad de los ataques del Seisdedos sobre todas las víctimas. Y también porque creían que fusilando a los campesinos sobre el lugar donde había habido resistencia armada se daba al acto una gran fuerza de ejemplaridad.

Las calles seguían desiertas. Solo las animaban los uniformes grises o negros, los correajes amarillos, las voces de mando. La aldea no conocía, desde muchos años atrás, sino la miseria resignada. No se recordaba un incidente violento, un asomo de rebeldía. Todos los que declararon ante el juez o ante la Comisión Parlamentaria coincidieron en que en los recuerdos de los campesinos más viejos no existía sino algún intento de huelga pacífica para obtener mejoras en la temporada de trabajo agrícola. El pueblo, después del incendio de la choza y de los fusilamientos, se había recogido en su sobresalto. Miedo y desesperación en las puertas y las ventanas cerradas, en el llanto de las mujeres y los niños. No se sabía en muchos hogares si el hijo o el marido habían sido fusilados o estaban a salvo, en el campo. Esa incertidumbre unía a la desolación de los hogares de

las víctimas una ansiedad inquieta y nerviosa que reco-
rría la aldea como el oleaje de un estanque muerto, bajo
un aire de tormenta. Las fuerzas iban conduciendo más
detenidos a la plaza. La cuerda de presos iba creciendo.
Los campesinos que habían soñado durante cuarenta y
ocho horas con la posesión de la tierra salían de lo
hondo de sus chozas con un desaliento trágico. Una mirada, un gesto, atraía sobre ellos la furia de las fuerzas,
su rencor todavía con olor de sangre. Los presos eran
maniatados y puestos en fila. Iban y venían con órdenes
y partes oficiosos los jefes. Los guardias llegaron con
una chiquilla de quince años, María Silva. No se sabía
que hubiera cometido ningún acto de rebeldía; pero el
hecho de que hubieran sido fusilados o quemados vivos
la mayor parte de sus familiares la hacía sospechosa.

Mientras se completaba la cuerda de presos, en lo alto
de la torrentera las mujeres espantaban a pedradas a los
perros hambrientos que acudían a la choza de Seisdedos.* El sol iba avanzando como todos los días, mor-
diendo el pico de una choza antes de inundarla, de acu-
sar los relieves del barro seco o las tablas podridas de la
ventana o la puerta. A las nueve, el sol daba de plano
sobre los muertos. En las cercanías, las mujeres, los
niños lloraban, sin atreverse a acercarse.

Había cierto temor a la comprobación. No querían
saber que era una verdad sin remedio. El hijo, el ma-

---

* «Manifiesta también que los carbonizados han permanecido
diez días abandonados en la choza, apreciando todos los vecinos del
pueblo cómo los perros llevaban sus restos. Ha sido un verdadero
crimen —dice—, que todo el pueblo lo reconoce. Cree que la mayor
parte de los muertos son inocentes.» (De la declaración de José
Vela.)

rido, podían estar quizá en el campo con los fugitivos.

Los campesinos se habían sublevado contra la ley, que les impedía trabajar la tierra, que ponía entre ellos y la tierra el alambre espinoso, la Iglesia y la Guardia Civil. Pero querían la tierra no para sí solos, sino para todos, incluso para los propietarios y la Guardia Civil, que, al fin, eran también «semejantes». No hubo explosiones de rencor ni se acordaron de las vejaciones pasadas ni de las venganzas. Hasta los víveres tomados en la tienda, después de triunfar el movimiento, fueron pagados con vales o con dinero del sindicato. Frente a esa posición, de una generosidad infantil, los hechos oponían este espectáculo de la choza de Seisdedos. Bajo las ruinas, entre las cenizas, seis cuerpos abrasados. A un costado otros dos que fueron mordidos por las llamas y que, huyendo de ellas, cayeron bajo el radio de acción de una ametralladora. Y después todavía los fusilamientos.

Los cuerpos de los fusilados estaban en montón, sobre las cenizas. El que murió sentado en un poyo había quedado fuera de la cerca. Para los guardias y los terratenientes, esos cuerpos hacían, abandonados allá arriba, algo tan simple y lógico como esperar al forense. Pero no había más que ver sus cabezas rotas, sus miradas vacías, sus puños crispados, sus manos aún juntas por la cuerda ensangrentada de las muñecas, para ver que su silencio era historia viva. Antes de que saliera el sol, entre dos luces, podía aquello no tener sino los chatos perfiles del crimen. Bajo el sol, a plena luz, aquellos campesinos ametrallados eran historia. Su sangre se mezclaba con la tierra, que tampoco sabe de exclusivismos ni de leyes. Su silencio era historia de la tierra esclava que quiere ser libre.

Patriotismo y «haberes».—Vítores en la plaza.—El forense.

En la plaza había quizá tantos campesinos detenidos como individuos de la Guardia Civil y de Asalto. Ante todos ellos hablaban los jefes. Algunos detenidos recuerdan frases sueltas del diálogo:

—¡Claro que sí! Devengan haberes de campaña.

No parecía tan claro, sin embargo. Se citaban fechas y decretos. Uno aclaraba:

—¡Naturalmente! ¡Durante todos los días que han durado los desórdenes!

Se citaba también la posibilidad de recompensas de guerra, de propuestas para gratificaciones. Aclarados esos extremos, dieron la voz de «¡Firmes!», y el jefe máximo felicitó a las fuerzas con una retórica de *Diario Oficial*. Habló de su valentía y de su espíritu combativo. Al final, gritó:

—¡Viva España!

Contestaron todos:

—¡Viva!

—¡Viva la República! —añadió.

—¡Viva!

Los campesinos de la cuerda de presos callaban. No

se trataba de ellos. Se trataba de la España y de la República que permite «devengar haberes de campaña», porque la otra, la que trabaja, y produce, y sufre hambre y miseria para morir al final, como Josefa Franco o Francisca Lago o como el septuagenario Barberán, esa no es España. Ni sus sueños de campesinos sin tierra son la República.

El cura andaba entre todo aquello con un aire pacato y recogido. No se había metido en nada. Esperaba que se le requiriera para administrar los santos óleos, como se le había requerido tantas veces para distribuir, en la iglesia, la *limosna*. Pero la República, probablemente, no se cuida de que administren los «óleos santos» a los campesinos muertos, y esto quizá le parecía al cura una gran desconsideración con los pobres campesinos.

El miedo y el dolor en todo el costado de la colina que ocupaban las chozas de los jornaleros mantuvieron a la aldea durante todo el día en un silencio absoluto. Todo el pueblo —incluso las casas de los terratenientes— aparecía callado, concentrado. Había veintidós muertos abandonados. Algunas mujeres y algunos niños habían vuelto a sus chozas con las manos y las ropas manchadas de sangre. Era la sangre de la misma colina herida. Hasta las primeras horas de la tarde —ya la cuerda de presos reptando por la carretera camino de Medina Sidonia—, nadie habló, nadie salió de sus casas. Todo el mundo cerró los ojos y se tapó los oídos. ¿Qué nuevas ignominias tendrían que ver u oír todavía? A las cuatro de la tarde llegaron el juez y el forense. Oigamos a este último:

«Requerido por el juez, fui y levanté primero el cadáver de un hombre como de unos cuarenta años, que estaba en un cercado, con un balazo, al parecer, en la cabeza; a su lado no había armas; estaba dentro y fuera del cercado. De allí pasamos a la corraleta del Seisdedos. Había un gran montón de cadáveres, un verdadero río de sangre. Separado de un grupo de otros nueve o diez estaba el cadáver de Manuela Lago, que aún tenía ardiendo las ropas por el vientre, y se ordenó que fueran apagadas. Eran las tres y media o las cuatro de la tarde, como *máximum*. En el interior de la choza de Seisdedos, que aún ardía, se veía un montón de escombros y un montón de huesos humanos.» Y añade que se veía hacia el final «un cráneo ya pelado».

Son las palabras literales del médico. Reconocieron aquellos cadáveres para hacer la diligencia del levantamiento y dictaminaron que los cuerpos llevaban muertos seis, siete u ocho horas como máximo.

Terminadas estas diligencias, comenzaron a transportar los cadáveres al cementerio, donde habían dispuesto una tabla sobre cuatro piedras para hacerles la autopsia. Ese mismo médico levantó con el juez el cadáver del viejo Barberán y otro en una calle, muerto el día anterior cuando entraban las fuerzas en el pueblo.

Sigue diciendo el forense:

«Todos tenían los balazos de frente; la mayoría, en la cabeza: materialmente levantada y volada la bóveda craneana, como si hubieran recibido un disparo de gracia hecho a boca de jarro. Los cadáveres tenían dos o tres heridas de pecho, vientre y cabeza, y uno solo, por excepción, atravesado el brazo con fractura de hueso. Algunos presentaban hasta siete heridas de bala, todos ellos de los que estaban en la corraleta, porque en la choza de Seisdedos no se podía entrar: allí solo quedaba polvo y cenizas. Todos los balazos, repito, han sido hechos de frente.»

Con estos informes y con el hecho del traslado de los cadáveres al cementerio y de la cuerda de presos a Medina Sidonia se puede dejar conclusa la jornada del día 12 de enero. Una jornada cuya memoria reverdecerá todos los años en la memoria del proletariado español.

Las mujeres no lloran.—Siguen las detenciones.

El pánico en las chozas era como una epidemia. La fiebre había atacado repentinamente a todos. Con los ojos hundidos y secos, el oído atento, pasaban las horas sin que se moviera nadie. Cuando hablaba de las familias de las víctimas, un propietario decía con gesto encogido, fingiendo un respeto que estaba preñado de rencor y de odio:

—Los dolientes...

En aquellos momentos eran «dolientes» todos. Las mujeres no lloraban. Los chicos miraban espantados a los guardias. No hubo una sola de esas crisis de nervios con mujeres desmelenadas y frenéticas. Callaban y esperaban. Solo una mujer salió de su casa y se dirigió a la plaza, a la Guardia Civil:

—Me han matao al hombre—dijo secamente.

Luego añadió:

—Vengo a pedí permiso pa que le hagan la caja.

El guardia le dijo que sí, que podía encargársela. Pero no se la hizo, porque el carpintero se negó a medir el cuerpo. Fue ella misma y le dio la medida. El carpintero nos decía en la taberna que hay al pie de la posada:

—No la hise. ¿Cómo iba a serla, si no podía dar gorpe?

Continuaban las detenciones. Cuando sacaban a un campesino de su choza no faltaba algún chico que insultara a las fuerzas, como un perrillo ladrador. La mujer, los viejos, creían que lo perdían para siempre; como en casa de Benítez, de Toro, del Zumaquero, del Tullido y de tantos otros.

Había remordimiento en algunos de los que intervinieron en la represión. Fríamente, vistas las cosas, dos días después se sentían avergonzados ante nosotros. No había de durar mucho esa actitud. También un guardia civil dijo dos o tres veces:

—¡Los pobres obreros...!

Oyéndole, los campesinos sentían repugnancia. La conciencia de la injusticia estaba de tal forma en el aire, que otro guardia, torturado quizá por el recuerdo, nos confesó:

—Mire usted. Yo tengo mis ideas, como cada cual. No vaya a creer. Me las callo, porque llevo un uniforme, y...

Yo veía todo aquello y lo confrontaba con el terror de las pocas familias obreras que quedaban —incompletas casi todas— en el pueblo. Después del crimen, nadie se atrevía a mantener la posición de la noche anterior. El guardia tenía «sus ideas» y no las decía; pero quería que el forastero, a quien en otra ocasión probablemente hubiera metido en la cárcel o conducido por la carretera, no pensara que él carecía de ideas propias sobre «aquello». Otros guardias civiles hablaban de «los pobres obreros». Luego supimos que aquella extraña posición de los civiles obedecía a que la matanza la habían hecho sus rivales, los guardias de asalto, que se les iban a llevar las recompensas. En el cementerio había diecisiete cadáveres con las heridas todavía frescas, más cuatro que quedaron «completamente incinerados», y cuyos restos permanecieron en los escombros bastante tiempo. Iban llevándoselos; pero ocho días después todavía había huesos y pedazos de trapo y de suela. En las chozas, al hambre ordinaria y usual se unía la de aquellos dos días de lucha y de represión. No se atrevían a salir ni a hablar de «la limosna». Se nutrían del dolor y del odio, como los días anteriores de la esperanza.

Al monte.—La angustia de Ronda.

Varios centenares de campesinos habían huido al monte durante la noche. Los que tenían algún arma la llevaron consigo para un caso de defensa, y la mayor parte para sacarla de casa y evitar a sus familiares la responsabilidad si hacían registros. Huyeron en grupos aislados, que más adelante, lejos ya del alcance de las fuerzas, fueron reuniéndose. La falta de medios económicos y la alarma y los apremios de la fuga les impidieron proveerse de víveres. Casi todos llevaban, además del hambre endémica de Casas Viejas, veinticuatro o cuarenta y ocho horas sin comer. Se dirigían a las estribaciones de Ronda, donde no hay huertas ni cultivos, y aunque los hubiera —algún plantío de maíz— no era el tiempo de la granazón. Entre los fugitivos había algunas mujeres, niños y enfermos. El aspecto de aquella multitud derrotada y miserable no tenía nada de heroico, ni podía ser menos belicoso. Una multitud hambrienta que huía de las balas del «orden» y trataba de refugiarse en una sierra áspera y estéril.

La Sierra de Ronda, que asoma sobre Málaga y el mar, ha sido el clásico refugio de los bandoleros, los héroes populares de un tiempo en el que todavía no se conocían las formas de la lucha organizada. El pueblo consolaba las soledades de los bandoleros dedicándoles canciones y leyendas, entre las cuales es fácil oír todavía alguna en cualquier taberna de Medina Sidonia. Pero hay un estilo —«rondeño»— soñador y estático, que es el lujo de la miseria campesina. Ronda quiere decir «redonda». La canción popular donde asoma la lucha de clases no es redonda, sino aguda e hiriente. El estilo «rondeño» es suave y redondo. Buen estilo para el «Manué», de Borrow, conformista y escéptico. Para los campesinos de Casas Viejas es un lujo o un vicio adormecedor como el opio. El hambre le da calidad. Cuando un señorito andaluz dice que «el cante» hay que buscarlo en el campesino tosco e iletrado, lo que busca es el matiz desgarrado o melancólico que el hambre imprime a la canción. El estilo «rondeño» es redondo no se sabe por qué. La desesperación no puede ser redonda sino en algunas de sus soluciones: por ejemplo, las balas. La esfera o el círculo son armonía, y en el hambre y en la miseria no puede haberla. Los campesinos sin pan hacen a veces el milagro de la armonía «rondeña» de su desesperación para venderla a un señorito, y tal vez, si no hay un comprador, para adormecerse en un sueño de opio.

Ronda —la sierra— tampoco es redonda, a pesar de su nombre. Es áspera y desigual. Si tuviera bastantes manantiales propicios, y las encinas, bellotas, con una honda de cáñamo un hombre podría esperar y resistir a las fuerzas de Casas Viejas. En Ronda hace frío por la noche y un calor húmedo y pegajoso bajo el sol del mediodía. Clima de paludismo. Los fugitivos no veían sino las laderas de los barrancos y de las simas, en cuyo fondo se encharcaba el agua. Caminaban hurtando el cuerpo a una posible persecución. Antes se hacía la guerra de cumbre en cumbre, de pico en pico. Hoy hay que hurtar la silueta entre zanjas, por las simas y las cañadas. Cuando acabó de cerrar la noche comenzó a sentirse el frío con dureza. Llevaban todos la misma ropa que en la aldea; pero allí el frío se sentía menos.

Algunos trataron de encender hogueras, pero la leña estaba mojada. Habría que traerla de más arriba, donde el sol y el viento la resecan. Se tardó un par de horas en acarrearla. Se encendieron dos hogueras y todos se agruparon alrededor. Se sentía el hambre. Nadie llevaba víveres ni dinero. Con algunas monedas se podía haber ido a otra aldea a comprar pan. Solo se pudieron reunir tres bonos de los del subsidio; pero no tenían validez sino en Casas Viejas, donde, además, el bono de una peseta se convertía, a la hora de cambiarlo —como ya hemos dicho—, en cincuenta o sesenta céntimos.

Una mujer lamentaba:

—¡Aun hay gentes que se atreven a trapichear con «la limosna»!

No comprendían quiénes podían interponerse entre el Ayuntamiento de Medina y el campesino hambriento para robarle a este todavía una parte de su mendrugo.

No había que pensar en ir a Casas Viejas a buscar pan. En el silencio de la noche se oía el ruido de las granadas, de la fusilería, de la ametralladora. Pensando en los suyos que habían quedado en la aldea, cada cual se olvidaba del hambre. Otros se abrían a la angustia de Ronda, cantando cara al fuego.

Algunos nombres.—El fracaso.—Un error en la escala.

Entre los fugitivos que huyeron de la furia de las fuerzas de asalto —los acontecimientos les dieron después la razón—, sin armas o llevándose la vieja escopeta de caza para eximir —es necesario repetirlo— de posibles responsabilidades a los que quedaban, declararon ante la Comisión Parlamentaria los siguientes: Francisco Quijada, de veinticinco años; José González Pérez, de treinta y dos; Antonio Duran, de treinta y seis; Francisco Cantero, de veinticuatro; Joaquín Jiménez, de veintisiete; Esteban Moreno, de veintinueve; Francisco Rocha, de veinticinco; Manuel Sánchez, de diecinueve; José Moreno, de treinta y tres; Diego Fernández, de cuarenta y ocho; Francisco Pérez, de dieciocho; Sebastián Cornejo, de veintitrés; José Rodríguez, de cuarenta y tres; Francisco Durán, de veintiocho; Sebastián Rodríguez, de veintisiete; Antonio Cornejo, de cincuenta y uno; Manuel Vera, de veintiséis, y Miguel Pavón, de treinta y nueve.

De sus declaraciones se han podido deducir pormenores, según los cuales ninguno de los fugitivos se proponía hacer armas contra las fuerzas que invadieron Casas

Viejas. En otro caso, la tragedia hubiera presentado aspecto muy diferente. Se limitaron a huir. El hambre les hizo regresar, y al llegar a Casas Viejas o a Medina iban siendo detenidos. Su delito, en la mayor parte de los casos, consistía en haberse puesto fuera del alcance de la *razzia*.

La primera noche en el monte fue de sobresaltos constantes. El peligro, el tiroteo lejano, la seguridad de que en la aldea se desarrollaba una lucha cuyos alcances ignoraban, hizo que sintieran menos las horas heladas de la noche en la sierra. Cuando amaneció seguía el tiroteo en la aldea. No cesó hasta entrada la mañana. Los fugitivos no durmieron. Junto a las cenizas de las hogueras, bajo la luz de la mañana, hablaban en grupos, mientras otros buscaban bellotas o raíces tiernas. Algunos discutían sobre los sucesos, cuyos últimos pormenores ignoraban. Se hablaba de «comunismo libertario», de las trece mil hectáreas improductivas en Casas Viejas y en Medina. Sin contar con las dehesas, el terreno alambrado para la ganadería, donde mil hectáreas podían tenerlas en rendimiento los patronos sin más que dos o tres jornales fijos. Según ellos, el comunismo libertario les llevaría a la explotación en común de toda esa tierra con aperos y créditos de la comarcal de Jerez. Lo que no comprendían era el fracaso. Recordaban las octavillas impresas que llegaron días antes. Allí estaban las cosas bien claras. ¿Cómo pudo suceder luego todo aquello?

Pero las octavillas estaban escritas por unos hombres que no tenían la conciencia plena de su responsabilidad ante los hechos. Figurémonos a un geógrafo poco escrupuloso. Ha hecho un mapa. Aceptemos que el mapa es perfecto; pero el mapa no será útil si no se da una medida exacta de las proporciones y de la relación entre las líneas del gráfico y la verdad topográfica. Para eso es necesario que el geógrafo establezca exactamente las medidas y pueda poner al pie una escala: «Un centímetro en el papel equivale a diez kilómetros en el terreno». Si no se conduce con todo rigor, podrá tener un error en la escala. Aceptemos que sea lo más pequeño. Un milímetro. Ese error proyectado sobre el panorama total en el terreno, se convierte en un error de cientos de kilómetros. Eso sucedía con los que redactaron las octavillas, con los que aprobaron los manifiestos. El error —una frase, un juicio, una afirmación ligera— se multiplicaba por mil en la realidad. Los campesinos de Casas Viejas, después de su derrota, recordaban aquellas frases, aquellas afirmaciones y no comprendían nada. Claro es que no tienen la obligación de saber medir y aquilatar. Este deber estaba en sus inspiradores.

«Van a bombardear el campo».—La segunda noche.

Los pocos víveres que llevaron al día siguiente algunas mujeres eran insuficientes. Por su poquedad era inútil pensar en una distribución equitativa. Los dieron a las mujeres y a los hombres enfermos. Por otra parte, las noticias que las mujeres llevaron tenían más importancia. Las víctimas caídas en la aldea eran parientes próximos, compañeros de trabajo o de miseria de todos los fugitivos. Además de esos informes, las mujeres añadían noticias recogidas en el terror de la aldea:

—Van a venir a bombardear el campo.

La prensa de Cádiz y la de Madrid hablaba de órdenes del Ministerio de la Guerra para que salieran aviones militares a bombardear a los rebeldes. Las mujeres, en lugar de «los rebeldes», decían «el campo». El campo es rebelde en esa rinconada de Jerez, con la protesta constante de las chumberas reunidas en mitin. El campo es rebelde porque quiere ser roturado y producir. Que bombardearan el campo, como en Marruecos, en nombre del alambre espinoso y de la bandera de las plazas de toros, que bombardearan las chumberas en nombre del recortado y sumiso boj de los jardines del Escorial, era natural. Algunos campesinos decían:

—¡Pero esto es la guerra!

Claro que es la guerra. La mayor parte habían hecho el servicio militar y habían estado en África. Ahora veían con sorpresa que todo el aparato guerrero, todos los procedimientos de agresión y de combate que estando en Marruecos de su parte les esclavizaban, seguían esclavizándolos hoy en manos del enemigo. Acordaron que las mujeres y los niños regresaran a la aldea. Los hombres esperarían las granadas de los aviones o de la artillería. No había que pensar en regresar y entregarse, porque tenían la seguridad de ir a parar a la corraleta de Seisdedos.

Ese acuerdo se cumplió. La mayor parte de las personas que regresaron fueron detenidas. A algunos de los detenidos se les golpeó bárbaramente para sacarles noticias sobre el lugar donde estaban los fugitivos y sus medios de defensa. Los que quedaron en el campo se internaron más en la serranía buscando posiciones seguras. Anduvieron a la desesperada todo el día. La misma desesperación indujo a algunos a entregarse; pero no en Casas Viejas, sino en Medina Sidonia, que está 30 kilómetros más al sur. En su camino tuvieron que dar grandes rodeos, porque si se acercaban a la carretera eran tiroteados y perseguidos por las fuerzas que prestaban servicio de vigilancia.

Al caer la tarde, los fugitivos hicieron alto en un lugar que les pareció a propósito para pasar desapercibidos de los aviones. Había leña para la noche. Lo que no encontraron era nada que llevarse a la boca. Sentados en grupos junto al fuego, esperaban. Ya nadie hablaba. Cada cual se hacía sus reflexiones. Miraban la tierra estéril a su alrededor. El hambre protestaba:

—¡Esta tierra maldita! ¡Todo yermo! ¡Tierra de hambres y de miserias!

La tierra parecía responderles:

—Aradme. Sembrad.

Porque aquella tierra —aun dentro de la montaña— es fértil. Los campesinos replicaban en silencio:

—Por eso, por querer roturarte, estamos aquí. Por eso han muerto en la aldea tantos compañeros. Por eso nos morimos de hambre aquí si no nos das tus frutos. ¡Tierra maldita, de hambres y miserias!

—Yo no puedo daros nada si no me abrís en surcos y sembráis.

El diálogo continuaba en la desesperación de los campesinos y en el silencio de la noche.

—Te roturaríamos y sembraríamos. Todo estaba previsto por el sindicato. Pero no nos dejan. No eres nuestra. Los que pueden disponer de ti no te roturan, porque no tienen hambre. No eres nuestra.

La tierra clamaba:

—No soy de nadie. Soy libre.

La tristeza de los rostros al fuego de las hogueras se animaba con sombras cambiantes. Seguía en la fiebre del hambre la voz de la tierra yerma:

—¿Quién puede llamarse mi dueño, ni siquiera mi aliado, sino el arado y la lluvia?

—Te cercan con alambre. Los ricos te esclavizan sin hacerte producir.

La sierra respondía en lo alto por la voz del viento o de las aves nocturnas:

—No me esclavizan. Si me rodean de alambre para dejarme yerma, quienes se encarcelan son ellos.

»Fuera de mí, el hambre se levantará y los arrollará. En definitiva, yo solo soy del arado y de la lluvia. Soy libre.

El fuego retorcía sus brazos rojos en el aire. Los campesinos no comprendían.

—Si eres libre, no nos dejes morir de hambre.

—Roturadme.

—Por quererte roturar nos fusilan.

A vueltas con estas contradicciones solo quedaban en pie tres evidencias en lo hondo de la noche de Ronda: el hambre —un hambre siniestra, de lobos en la nieve de enero—, el frío que entumecía y el sueño imposible de cuatro noches en vela. Imposible porque esperaban las primeras granadas, los primeros tiros de ametralladora por cualquier lado y en cualquier momento.

Los propietarios creen haber ganado una batalla.

Uno de los camiones que regresaron con detenidos a Medina fue tiroteado en el camino, según dijeron los guardias. La seguridad no era absoluta en el campo; pero la impresión que dominaba en el pueblo tampoco era —entre los propietarios y las fuerzas— de intranquilidad. Se veía que los fugitivos huían a la desesperada. Una batalla ganada en la guerra sorda del campo andaluz, donde todos los pueblos son Casas Viejas y en todas partes el hambre y el odio tienen plantados sus cuarteles. El triunfo era total, en apariencia. Algunos propietarios movían la cabeza, lamentándose con una íntima impresión de seguridad y de dominio:

—¡La incultura!

La conciencia de su dominio les permitía hasta una compasión que por sugestión del momento era sincera:

—¡El analfabetismo!

También había dicho el presidente del Consejo:

—Eso se arregla con escuelas.

El presidente del Consejo es optimista. Desde el pináculo donde él concentra toda la responsabilidad de estos crímenes ve las cosas con una simplicidad que sería risible si no tuviera como fin desviar la cuestión y acallar quizá su propia conciencia. Si les dan escuelas y no les dan de comer, eso no se arregla, sino que se les complica a los gobernantes mucho más. La incultura no es en estos casos sino una ventaja más en favor del orden económico; una ventaja para el sistema feudal, que ha provocado estos sucesos y provocará otros parecidos cualquier día en cualquier otra parte. El día que esos obreros que hoy tienen hambre en Andalucía —cerca de dos millones— puedan alcanzar la cultura a que el presidente del Consejo y los propietarios de Casas Viejas se refieren, no llegará con el sistema económico actual. La «cultura» a que se refieren —el conformismo, la posición «culta» ante los problemas— no la dan las escuelas, sino el bienestar económico, el hogar caliente y la despensa provista. Eso no se lo puede dar este régimen. Sin contar con la justicia social y con la satisfacción moral que esa justicia lleva consigo. Si esa «cultura», por otra parte, la dieran los libros, serían tan analfabetos los propietarios como los jornaleros. A no ser que la suscripción a un periódico monárquico y feudal sea una patente de sabiduría.

Después del triunfo, todos los terratenientes hablaban de los estragos de la barbarie en cerebros cerrados a la luz del saber. No hablaban del hambre, porque el hambre de dos millones de jornaleros andaluces es el espectro de sus terrores; significa algo así como en un ejército la alusión a las fuerzas irremediables e inafrontables de un enemigo en línea de ataque. De eso, ni hablar. Hablar de escuelas es, por el contrario, culto y tranquilizador.

Pero la tranquilidad de los propietarios de aquella zona era muy relativa. Estaba llena de «nervios». Tenían la seguridad de un triunfo reciente; pero los problemas se acrecentaban mirando al porvenir. El pueblo campesino y jornalero seguía metido en sus casas, en silencio. De todas las chozas había salido alguien detenido o en fuga. No sabían si entonces —dos días después— estaban en el cementerio o en el campo. Tampoco se atrevían a indagarlo. El silencio del pueblo era concentrado y hosco; pero ya no hostil. Se declaraban vencidos. Había en el elemento civil pudiente una sensación de responsabilidad. Hablando con un socialista que indicó a las fuerzas las chozas de los rebeldes, nos decía hipócritamente cada vez que hablaba de los obreros:

—¡Los pobresitos...!

Los propietarios, el droguero, se disponen a marcharse definitivamente del pueblo. Han triunfado; pero el triunfo no les sirve para nada. Si acaso —creen—, les sirvió para salvar sus propias vidas, que, en definitiva —recordándolo serenamente—, nadie había amenazado, ya que el Seisdedos y la asamblea libertaria trataban de incorporarlos al sindicato.

Entre el terror va filtrándose la ley.—Los «tres procedimientos».

A los dos días de los sucesos comenzaron a presentarse algunos hombres ateridos y en estado de depauperación y de hambre. Lo hacían en Medina Sidonia o en la carretera de Casas Viejas. Al pueblo no se atrevían a volver, porque creían que continuaban en él los guardias de asalto. La mayor parte habían huido sin armas, y los que llevaban escopeta o pistola carecían casi siempre de municiones. La sensación de triunfo entre los propietarios de Medina Sidonia era la misma de Casas Viejas; pero con cierta desahogada impresión de irresponsabilidad.

En un grupo de propietarios de Medina, con los que estábamos hablando, alguien dio una noticia de las que constantemente llegaban:

—¿Sabéis que se ha presentado el Gitano? Va hecho unos sorros.

Rieron. Yo pregunté quién era el Gitano, y me dijeron:

—Ná. Un pobre imbesi.

Volvieron a reír, y mi informador añadió:

—Creo que su madre se ha muerto.

—¿Sí? —preguntaron.

—Sí. De la impresión.

Al decirlo hacía con la mano el gesto de pegar. Debía tener gracia el eufemismo, porque todos rompieron a reír.

Para ver a los presos que estaban en Medina eran necesarios tres permisos, porque dependían de tres jurisdicciones, según decía muy satisfecho uno de esos señores. Los otros le preguntaron qué jurisdicciones eran, y respondió —como ya dijimos al principio— que sobre cada uno pesaba «la ordinaria», «la milita» y «la trinca». La trinca era, según decían, «lo gubernativo».

Aunque parecía una broma de mal gusto, era verdad. Había que conseguir permisos del gobernador o el alcalde —este no se atrevía a darlos—, del juez militar y del civil. Cada uno de estos se disculpaba con el otro. Tampoco el gobernador —con quien habíamos coincidido en la fonda— quiso darlo, excusándose con los jueces. Habíamos hablado de los sucesos. El gobernador no creía que el hambre en aquella zona fuera la única determinante. No creía en el hambre. Bien es verdad que acababa de levantarse de la mesa y que en aquella fonda no se come mal.

La ley se iba infiltrando, a través del terror, en toda la comarca. Una vez más aparecían los hechos confirmando esa impresión del sistema feudal de la economía y, por lo tanto, de la vida entera de Andalucía, donde las autoridades republicanas burguesas están al servicio de los viejos señores y son sus fieles esclavos. En el caso de Casas Viejas, actuaron como simples verdugos a las órdenes de los terratenientes. Las cuestiones se plantean directa y desnudamente entre capital y trabajo. No entre capital burgués democrático y liberal, que hace concesiones, ni entre obreros acostumbrados al jornal y a un nivel decoroso de vida, sino entre el señor omnipotente y la masa hambrienta y desesperada. Por primera vez va a entrar en una contienda de este género un factor nuevo: la justicia republicana, creada y aprobada por los socialistas. Los Códigos votados por las Cortes. Bien es verdad que la subsistencia de esos tres «procedimientos» hace que sobre cada uno de los procesados pesen todas las violencias incomprensivas y vengativas de la vieja justicia feudal, porque si el civil no acepta la pena de muerte, en cambio la acepta el militar, y no hay ningún detenido que no esté sometido a los dos. La justicia «socialista» y burguesa se ha encarado con los hechos con el viejo criterio medieval de horca y cuchillo.

Un dato tristemente pintoresco figura entre nuestras notas. Nos lo facilitaron los mismos terratenientes que hablaban de los «tres procedimientos». Uno de los campesinos que huyeron al campo se presentó a una pareja de la Guardia Civil, en la carretera, enseñándoles, a una distancia respetable, una pistola. Le conminaron con disparar si no la arrojaba, y el campesino obedeció, tirándola al suelo. La recogió la Guardia Civil y lo detuvo. Al preguntarle por el arma, dijo que se la había facilitado un compañero, cuyo nombre dio. Preguntado este, dio a su vez el nombre de otro. La cadena fue alargándose. Según nuestros informadores, hay dieciocho procesados por esa pistola. El último resultó que se la había robado al dueño de un cortijo. Este no ha sido procesado. Hemos averiguado, sin extrañarnos, naturalmente, que en el desarme general del pueblo de Casas Viejas no entraron los propietarios.

Una vieja teoría respecto al delito.—Filosofía mural en verso.

Si la ley no existe mientras no ha sido consagrada por su uso y aplicación, lo mismo se podría decir del delito, invirtiendo los términos. El delito no existe mientras no es reconocido por los jueces y sancionado. En este caso de Casas Viejas, mientras no lo haya conocido y condenado la opinión. Por lo tanto, en Casas Viejas no sucedió nada hasta que nosotros lo hemos contado. Nada de particular tenía que los propietarios de Casas Viejas quisieran evitar ese delito. Al menos, esta era la teoría de ellos.

En los patios de las cárceles y de los presidios, los delincuentes de «sangre», de pura sangre propia y de sangre ajena, tienen una idea análoga del delito. El hecho criminoso no es todavía el delito. Lo es cuando, conocido por los periódicos, descubierto por los funcionarios del Estado, la opinión y los jueces, a la par o en discrepancia, según los casos, crean la atmósfera de la inmoralidad a su alrededor, en contraste con los sentimientos normales y morales de los demás. Entonces el criminal se siente criminal. Hasta entonces se considera un hombre como los demás, que ha cometido un hecho extraordinario.

En la Cárcel Modelo, de Madrid, pudimos comprobar el año 1927 esa observación. Nos habían dado una celda común que tenía las paredes llenas de grafitos. Por allí habían pasado, a lo largo de los años, los tipos más variados de delincuentes, dejando sus huellas en las paredes. Estaban casi todos los géneros literarios. Verso, prosa, diálogos dramáticos. Y al lado de la castiza y rotunda expresión española, una frase comedida en francés, y más arriba, una larga parrafada en inglés. Nos entretuvimos en copiarlas. Los versos estaban al lado de la puerta, y decían:

> Has de estudiar la moral
> en el Código Penal,
> y ten por lema profundo
> que el mal no es mal
> hasta que lo sabe el mundo.

Versos que acreditaban a un delincuente de la escuela retórica de Campoamor y que nos interesaban porque venían a corroborar aquella teoría de los asesinos profesionales de que lo malo no es el crimen, sino las dificultades de la ocultación, ya que el crimen comenzaba en cuanto era descubierto y divulgado. Luego supimos que los versos los había escrito un alto empleado de una gran compañía, que fue allá por diversos delitos. Uno, de sangre.

«Las dificultades de la ocultación.» Iba a existir el crimen en el momento en que lo descubriéramos. Había que evitar ese crimen. Los que se lo propusieron en Casas Viejas eran también de la escuela retórica de Campoamor, probablemente, y, desde luego, cofrades del filósofo y poeta mural que estuvo en la cárcel y que tenía a la cabecera de su cama un crucifijo de plata que le había llevado su mujer.

El temor de que nos enteráramos.—Primeras argucias.

Cuando poseíamos ya todas estas notas cayeron los propietarios de Casas Viejas en que aquel ir y venir con los campesinos, aquellas visitas a los altos de la colina y a las chozas, aquellas notas en varios *blocks*, las rectificaciones sobre los propios periódicos madrileños de horas, fechas y nombres que en las prisas del teléfono fueron confundidos; todo aquel despliegue de papeles y de actividades podía tener verdadera trascendencia. Había que evitar que siguiéramos enterándonos antes de que fuera demasiado tarde. Pero no había manera, una manera lógica.

Nos habíamos propuesto obrar con la natural discreción, y nos abstuvimos, aun en los momentos en que más duro resultaba contenerse, de hacer juicios. Tuvimos un especial cuidado en no hacer comentarios que implicaran censura para nadie, ni siquiera exhibir sentimientos humanitarios que pudieran interpretarse como juicios contra alguien. Sabíamos la curiosidad y las suspicacias con que se seguían nuestros pasos, y no dudábamos de que cualquier imprudencia podía dificultar o impedir que acabáramos de informarnos.

Sin embargo, serían ya las nueve de la noche del día 14, cuando dos guardias civiles vinieron a decirnos:

—Hay cierto ambiente contra ustedes. Tengan cuidado.

—¿En dónde?

—En el pueblo.

¡Bah! Eso era absurdo. Al ver que no les comprendíamos, los guardias añadieron:

—Quizá no es conveniente que hablen ustedes como hablan.

Seguíamos sin comprender. El guardia añadió:

—Dense ustedes cuenta de que el pueblo está muy excitado, y si ahora van diciendo que se han cometido con ellos tantos crímenes...

Nadie había hablado así. Ya digo que nos abstuvimos de hacer comentarios, entre otras razones, porque una estrategia elemental obliga a conducirse con pies de plomo cuando se está en el campo del enemigo, en aquel campamento feudal. Yo comprendí que los propietarios comenzaban a desplegar sus argucias y que querían presentarnos combate franco.

—Eso se lo han dicho a ustedes los terratenientes; pero es mentira. Podemos pensar lo que queramos; pero nos abstenemos de hablar cuando es inútil o contraproducente.

—Hombre... —vacilaban los guardias.

Había uno corpulento que hacía gestos de impaciencia. De pronto, nos preguntó:

—¿Están ustedes autorizados para hacer información? ¿Llevan el permiso de la Dirección de Seguridad?

Seguían insistiendo en que el ambiente en el pueblo se enrarecía. Tomaron nota de mi cédula. Un guardia insistió:

—Si van ustedes diciendo esas cosas... es natural.

Aunque lo hubiéramos dicho, no se hubiera sorprendido nadie. Eso lo pensaban todos los campesinos. Los caciques quisieron echarnos encima a la Guardia Civil y les fueron con ese cuento. No lo consiguieron. Los sucesos estaban demasiado recientes y el «triunfo» era demasiado terminante para que la Guardia Civil —a la que no iba enderezada directamente la responsabilidad— se preocupara mucho de nosotros. Eso les falló, de momento, a los terratenientes.

En la posada.—Segunda parte de la ofensiva.

Otra vez en la planta baja de la posada, fuimos rodeados por los campesinos. Seguimos hablando y anotando. Lo fundamental lo sabíamos ya y lo habíamos podido comprobar. Lo que nos decían ahora eran detalles complementarios que servirían para dar un carácter literario documental a las informaciones. Continuábamos en amigable charla. Ninguno de los que quedaban en el pueblo era campesino sindicado ni rebelde. Los que no murieron ni fueron a dar en la cárcel —el número de estos últimos ascendía ya al centenar— estaban en el campo todavía. Pero, naturalmente, había muchos hermanos, primos, hijos de las víctimas. Los «dolientes». Con un aire sombrío nos daban detalles, rectificaban el dato que nos facilitaba otro e insistían con verdadero entusiasmo, todos ellos, en que la familia de Seisdedos era «la más honrá del pueblo». Podíamos haberles dicho a aquellos hombres lo que ellos ya sabían: que se habían cometido crímenes terribles, sin que nadie se sobresaltara. Al decir a uno de ellos lo que ocurría con la Guardia Civil, confirmaron nuestra impresión:

—Son los propietarios.

Pero en aquel momento, unos mozalbetes, parientes de los caciques, y al frente de ellos el hijo del más caracterizado, comenzaron a dar voces en la puerta:

—¡Son los que dieron la orden pa que asesinaran ar pueblo!

Los que nos rodeaban se volvieron extrañados, y no se atrevieron a contradecir a los amos. Yo no había oído bien. Avanzamos, preguntando con el gesto:

—¿Qué es eso? ¿Qué quieren?

Oímos frases sueltas en el tumulto: «Echar del pueblo.» «Cabeza.» «Sangre.» Al frente seguía el hijo del propietario señor Pina. Repitieron la frase:

—¡Son los que dieron la orden pa que asesinaran ar pueblo!

Aquello era absurdo. Alguno nos dijo al día siguiente que habían tratado de convencer al pueblo de que éramos los responsables de la matanza. Comprendimos que la ofensiva de los caciques seguía creciendo y que no cejarían mientras pudieran intentar algo. Avancé hacia el grupo:

—Pasad aquí y vamos a hablar cara a cara. Os están engañando.

No los engañaba nadie. Eran los interesados. Sabían lo que hacían.

En lugar de pasar retrocedieron y buscaron el contacto con algunos grupos de curiosos que había en la plaza.

La Guardia Civil nos ruega que salgamos del pueblo.

Aquella situación era tan ilógica que no podía prosperar. Y no prosperó mucho tiempo. Pero la expectación y los grupos seguían en la plaza. Había una atmósfera irritada. Menos mal que habíamos terminado ya con plena satisfacción nuestra tarea de indagar, y teníamos los cuadernos llenos de notas y la conciencia de evidencias.

Cuando aquella versión se deshizo sola, los terratenientes monárquicos lanzaron otra. Desde que anocheció hasta la madrugada, los propietarios no descansaron un segundo. El ánimo de los que habían quedado en el pueblo, sacudido por las terribles impresiones de los sucesos y abrumado por el pánico, con la sensación de la omnipotencia de los terratenientes y las autoridades, a los que la mayor parte temían contrariar, era el más a propósito para que prosperara cualquier absurdo. Decían que el día anterior a los sucesos nos habían visto en el pueblo, que habíamos engañado a los campesinos, diciéndoles que toda España estaba sublevada y en armas. Que los responsables de todo éramos, en suma, nosotros. Nos atribuían caprichosamente, en forma verdaderamente estúpida, una ideología especial inventada por su ignorancia y su miedo. Había que evitar que habláramos, coaccionándonos como fuese. En último extremo sería para ellos un éxito político formidable y un descargo de conciencia ante la opinión si podían decir: «El pueblo ha reaccionado por sí solo contra los responsables». Si el crimen solo existe en cuanto se descubre y conoce, es natural que nosotros lo íbamos a revelar, y que, por tanto, éramos los responsables.

Lo cierto es que a las diez y media la Guardia Civil nos obligó a salir de la plaza, donde intentábamos explicar al pueblo la maniobra de los caciques, y nos indicó que lo más conveniente sería que nos marcháramos.

—Claro está —añadió el sargento— que si ustedes quieren quedarse a todo trance un día más o dos, nosotros nos ponemos a sus órdenes.

Quizá eso de que la Guardia Civil se nos ofreciera entraba en los planes de los caciques. No podía ser más absurdo todo aquello. Nos negamos terminantemente y, pensando en nuestros cuadernos repletos de notas, y en la imprudencia que representaba meterse en el campo enemigo después de una batalla y de veintitantas ejecuciones, optamos por marcharnos.

No hay quien nos lleve, y nos quedamos a dormir —y dormimos perfectamente— en la posada.

El coche correo no se atreve a salir de noche. Lleva impactos, cristales rotos a balazos. El chófer, un hombre gordo y pacífico, tiene mujer e hijos. Suplica. Hay otro *auto* y otro chófer; pero ante la perspectiva de tener que salir de noche al campo, se pone enfermo. Teme al pueblo, por un lado, y por otro, a las sombras de la carretera.

—Ya ven ustedes —decimos a los guardias— que no es posible marchar.

Estamos en la puerta de la posada. Se acercan unos grupos. Siguen los hijos de los terratenientes, los incondicionales del duque y los adláteres de esos incondicionales, obstinados en evitar que digamos lo que hemos visto y lo que hemos oído.

—Hagan el favor —dicen los guardias, haciéndoles retroceder.

Se van y se unen a otros grupos, en los que hay algunos campesinos. Les hablan. Salen rumores y voces. Vamos a contestarles, avanzando, y los guardias nos lo impiden y nos obligan a meternos en la posada. Bueno. Cenamos y nos acostamos. Abajo hay voces y rumores.

Nos hemos negado terminantemente a que en la puerta de la fonda haya vigilancia. No la hay. Los campesinos siguen entrando y saliendo en la taberna de la planta baja. Alguien nos dice que los campesinos no tienen armas.

¡Bah! Los campesinos tienen un instinto certero, y todas las excitaciones serían inútiles después de haber hablado con nosotros.

De eso estamos bien seguros. Los que tienen armas son los propietarios. También estamos seguros de que si pudieran evitar que saliéramos del pueblo lo harían.

Sería un éxito poder decir después el embuste que les había de redimir de una gran parte de la responsabilidad: «Las masas han reaccionado por sí solas, y...».

Nos acostamos sin desnudarnos. Siguen los rumores y las voces. Los terratenientes han conseguido arrastrar a todo el sector neutral, a ese que ni es obrero ni propietario y a quien desdeñan el propietario y el obrero. En la pronunciación y en el firme pisar —con sonar de suela y tacón— se advierte, a través de la ventana cerrada, que siguen maniobrando los señoritos.

—No hay cuidado —advertimos—. La Guardia Civil hablará seguramente con el gobernador por teléfono para ver qué clase de pájaros somos, y al ver que se podría armar un nuevo escándalo y agravar su situación, los terratenientes amainarán.

Así sucedió. Los propietarios intentaron que sus incondicionales nos lincharan. De todas formas, el único peligro serio que corrimos en la posada fue el de ser devorados por las pulgas. Salimos indemnes, y ahí han quedado esas notas y esas evidencias de Casas Viejas.

No hubiéramos escrito estás últimas líneas de muy

buena gana. Entre otras razones, porque no tuvo el incidente importancia ni gravedad. La maniobra estuvo clara desde el primer momento. Pero algunos periódicos burgueses hablaron de él, ajustándolo a sus deseos, con la intención de sacar el mayor partido posible de la fracasada maniobra de los terratenientes de Casas Viejas.

Diálogo con María Mármol al volver a Medina Sidonia.

En una esquina de la calle principal seguía María Mármol serena en su sueño de siglos. La calle —blanco y verde— acaba en montaña, pero tiene la armonía suave y el aire azul y fluido de las calles que dan al mar. No hemos visto nunca juntas tanta belleza y tanto dolor. Ni una belleza tan interesada en ocultar y disimular lo dramático. María Mármol está incrustada en la esquina trunca de una iglesia, sobre una columna de piedra. Nació mucho antes que el catolicismo. Conoció otros templos, otras columnas. Antes de que las muchachas de esta generación la llamaran María Mármol, ha debido tener nombres fenicios, griegos, romanos. Puede ser, en esa serenidad rígida y en lo arbitrario de sus proporciones, un símbolo cualquiera. Está por encima del dolor, de la justicia, de la gloria y de la misma inmortalidad. Puede ser, sin embargo, cualquiera de esas frívolas cosas para un viajero impresionable. Nos habla de los hechos que todavía estremecen a la ciudad:

—Con los fenicios, con los griegos y los romanos, estos hombres tenían la tierra. Todo lo que llegaba por el Mediterráneo les era propicio, porque el Mediterráneo son ellos mismos. Pero del norte vinieron el Estado, la Ley y la Iglesia. Todavía durante varios siglos les salvó el hermano de África, que les dejaba la tierra, el sol y el tiempo. Largos ocios que aquí son indispensables, porque este es uno de los pocos lugares del mundo donde sentirse vivir es una delicia. Pero los hermanos de África fueron arrojados de aquí. Entonces fue cuando el Estado, la Ley y la Iglesia quedaron verdaderamente constituidos e hicieron sentir su peso. Poco después se deslindaban las tierras que fueron de todos y les ponían alambres alrededor. Benalup se declaró por Medina-Coeli, por la ciudad —Estado, Ley— y el cielo —religión—. En el nombre mismo —Medinaceli— se mezcla una palabra árabe con otra latina. Y la espada era de Toledo, pero la manejaba algún visigodo pariente quizá del *Gut-mann* —hombre bueno— de Tarifa. Desde entonces se suceden las generaciones en esta esquina, cara al Mediterráneo, legándose el hambre y la desesperación. Hasta hace un siglo era posible la aventura. Estos hombres echados de la tierra salían al mar, abordaban barcos y se internaban en las faldas de la serranía con el botín. Desde hace un siglo eso es imposible. Los hombres que se han lanzado a reconquistar la tierra, organizados en clan, con el viejo Seisdedos presidiendo una democracia de hermandad y trabajo, son la cuarta generación que vive en Ronda al margen de la tierra y de las aventuras del mar. En su solera rebelde llevan hambre de tres generaciones anteriores. Eso es todo. Cuando la tierra sea suya...

—¿Lo será?

—Claro que sí. Lo ha sido siempre. Esto de ahora —de hace seis siglos— es anómalo. No puede sostenerse un equilibrio tan falso. Cuando las tierras sean suyas verás como vuelve esa armonía y esa serenidad que represento yo y que ahora tú encuentras tan fuera de lugar. Y no tardará. ¿No ves cómo los odios se han enconado, cómo las distancias y las diferencias han aumentado y hasta qué extremo la Ley, el Estado y la Iglesia, desconociendo estas tierras y estos hombres, se han cebado en su sangre y han dejado ya en una posición irreconciliable, de lucha, esos dos conceptos de Benalup y Medinaceli? Planteadas así las cosas, ¿quién puede dudar de que la cuarta generación de hambrientos pegados a la tierra, que son la tierra misma, ha de triunfar?

Desde la esquina de la iglesia encalada, María Mármol ve pasar a las muchachas de quince años con la cantarilla en el anca, alegres, a pesar de todo. En esa alegría hay también una serenidad y una certidumbre oculta y firme, como la misma tierra de abajo, la tierra fértil que aún no ha sido volcada a la luz por el arado. Pero que allí está muy segura en su esperanza.

De la cárcel a la alcazaba.—La cárcel.—El vino y la «disiplina».

Las casas de los propietarios, de los funcionarios, de los administradores, son pequeñas jaulas de lujo, todo cristal, hierros pintados de verde claro, cenefa de tiestos en la azotea. El sol enciende los cristales por la mañana y no cesa ya la lumbrarada en el mirador ochavado o en la ventana hasta el atardecer. Dentro se abren al cielo esas jaulas en un patizuelo rodeado de columnas. Puertas de cristal, galería encristalada arriba. Y el verde asomando en racimos o trepando para esconderse en la última curva, sobre el blanco inmaculado. De la tragedia de Casas Viejas llegan aquí solamente dos de sus consecuencias inmediatas: la política—radicales, socialistas, Acción Republicana— y la consecuencia jurídica en blancos folios sellados. Pero en lo político quedan fuera y al margen las dos fuerzas en pugna. Al margen será la pugna resuelta en un juego elemental de energías; señores feudales y esclavos. En cuanto a lo jurídico, eso es ya funcionarismo seco y estéril, que nada tiene que ver, en los días siguientes a los sucesos, con el hambre de los campesinos sin tierra. La posición humana del funcionario ante los folios y ante el detenido que declara sería algo impertinente e incongruente.

—Tenían hambre mis hijos, mi mujer. Yo mismo —podía decir el declarante.

—Bien—pensaría el juez—. Es duro eso. También yo la tendría si no comiera. Para comer hice unas oposiciones a judicatura. Para que sigan convocando oposiciones debe haber quien tenga hambre y robe, quien tenga hijos hambrientos y se subleve.

Podría recomendarle al detenido que hiciera oposiciones a judicatura; pero después de meditar un poco dicta con desgana al secretario:

—Compareció y dijo: Primero...

El secretario está en el mismo caso que el juez. Pero, además, tiene muy buena letra. Los dos viven en unas jaulas de cristal y hierro pintado de verde claro.

Hacia la plaza siguen las viviendas de los funcionarios. Pasada la casa municipal, hacia la derecha, hay unas calles con altos muros encalados. De tarde en tarde, una puertecilla. Algún ventanuco por arriba, sin cristales. El barrio tiene un aire de alcazaba mora. Son viviendas que no vierten a la calle, sino al interior. Entrar en una de ellas es fácil. La puerta está entornada o abierta. A veces no hay tal puerta. Se cuela uno por un pasadizo lóbrego que va a dar en un ancho corral. Allí vierten galerías y ventanas. La miseria —piensan los dueños de estas casas— no debe tener ventanas a la calle en una ciudad tan limpia y tan armoniosa. Viven treinta o cuarenta familias como pueden. Cada una da a la vecina o a la de enfrente el espectáculo de su miseria. Por fuera, la alcazaba sigue. Enormes muros que cogen toda una calle, con uno o dos agujeros sin cristal ni maderas.

Así vive la gran mayoría de la población. Las jaulas dan una impresión de libertad humana a la medida, muelle y confortable; las alcazabas —viviendas de paso por los desahucios o el forzado nomadismo del jornalero— son verdaderas prisiones, con su régimen celular y sus patios sombríos en el interior. Si van a otro pueblo maravilloso, a Alcalá de los Gazules, encontrarán otra alcazaba miserable, que no se diferenciará nada de esta. Y siempre alcazaba —mala posada en el desierto—, nunca *casa* ni *hogar*.

En ese mismo barrio hay otro edificio mucho más confortable que las alcazabas, aunque no consiga salir del marco de lo miserable: la cárcel. En el portal hay un hombre uniformado, con una llave en el cinto. Tiene unos bigotes lacios y una nariz colorada, como los guardias de los sainetes. Huele a vino. Queremos ver a unos detenidos; pero no hay manera. Están apercibidos en el pueblo, y en todos nuestros pasos llevamos detrás, a una distancia discreta, dos guardias civiles. Es necesario tomar medidas para hablar con un obrero o campesino, porque si nos ven los guardias van luego por él y lo detienen. Saben que queremos visitar a los presos, y han dado órdenes para que no nos sea posible.

—¿Pero están incomunicados? —pregunto.

—No, señó. Eso, no.

—Entonces habrá señalada una hora para recibir visitas.

—Hombre, si no es con un escrito del juez...

El caso es que el juez se disculpaba con «la jurisdicción militar», esta con «lo gubernativo», y el alcalde con los otros dos. Ni el juez, ni el teniente coronel, ni el alcalde querían que habláramos con los presos. No convenía al «orden ni a la paz social». En cuanto al carcelero, ¿qué razones tendría para prohibirnos la entrada? Le indicamos que se lo agradeceríamos, haciendo sonar unos duros en el bolsillo. Atendió bien; pero haciendo un esfuerzo de voluntad siguió negando. Con el pretexto de sacar una tarjeta le enseñamos un billete de cincuenta pesetas. Se retorcía las manos. Miraba a otro lado, para decir heroicamente:

—No, señó. Er señó directó ha dicho que no entre nadie, y la disiplina e sagrá.

—Bueno, hombre, bueno.

Nos fuimos. Los guardias nos esperaban en la esquina.

«Er señó directó y la disiplina».—Declaración de María Silva, la Libertaria.

María Silva Cruz, de dieciséis años: A su padre, Juan Silva, lo sacaron de su casa, lo soltaron y al poco rato lo volvieron a detener, llevándolo al corralito del Seisdedos, donde murió. Dice que el día 11, al anochecer, fue a casa de su abuelito, Seisdedos, que estaba enfermo, y a quien ella asistía a diario. Su abuelo estaba solo, y cuando estaba con él entraron varios del pueblo. Ella se retiró a un rincón al oír tiros de dentro de la choza, y añade que reconoció, por las voces, porque no había luz, a los que estaban dentro de la choza de su abuelo el Seisdedos, que eran: su abuelo, Francisco Cruz; su tío, Pedro Cruz Jiménez; Jerónimo Silva González; Francisco García Franco; Josefa Franco; Manuel García Franco, de trece años; Manuela Lago, y la declarante. Sin luz en la choza, vio que empujaban la puerta y pudo ver que un hombre caía al suelo después de una descarga. Conoció después que era el Quijada y que iba esposado. Manifiesta la declarante que, horrorizada por el tiroteo de uno y otro lado, salió por el corralito y que luego dicen que salió su primo. Manifiesta que al salir ella oyó grandes disparos y que aún no sabe cómo pudo salir con vida.

Relata la muerte de otros parientes suyos en la forma que ha quedado ya descrita, y añade: «El día 12, muchas mujeres y niños se fueron al monte, donde estuvieron hasta el día 14, volviendo al pueblo porque les habían manifestado que los guardias de asalto iban a bombardear el campo. La Guardia Civil la detuvo, llevándola a Medina Sidonia, de donde salió a los dos o tres días.

»Volvieron a detenerla, llevándola nuevamente a Medina, estando enferma con calentura. Manifiesta que estando en la cama en la cárcel, el jefe, D. Andrés Barroso, se insinuaba amorosamente con ella, tocándola la mano insistentemente al darle el socorro y pretendiendo acariciarla, cosa que ella rechazó indignada, y que cuando se levantó, el jefe Sr. Barroso pretendió que se apoyara en su brazo para ayudarla a andar, y ella le dijo que sabía andar perfectamente sola. Dice que jamás la han llamado "la Libertaria" hasta el día de los sucesos, y este nombre se lo puso la Guardia de Asalto.»

El director no dejaba hablar a los presos con gente de fuera. En aquellos días, María Silva estaba en la cama, enferma. El director había dado órdenes terminantes al guardián, que repetía suspirando ante nuestras promesas:

—La «disiplina, señó».

En Sevilla.—Un señorito malasombra.—Los bandidos.

Volvimos a Sevilla en el autobús de línea. Nos hospedamos en una fonda de una calle céntrica e historiada, donde nos encontramos con un amigo que estudió con nosotros en Madrid. Hacía tiempo que no nos habíamos visto. Charlamos mucho. Las noticias que yo le di de Casas Viejas no le extrañaron.

—Es natural —decía a todo.

Como yo le preguntara por qué encontraba aquello tan natural, me dijo que los terratenientes de Andalucía estaban en una situación de ánimo sobresaltada y medrosa, y que lograban transmitir su pánico a las fuerzas encargadas de la represión. El pánico se manifestaba en esas monstruosidades.

—Todo el campo andaluz —nos decía— está en guerra. Y en todas las guerras pasa lo que acaba de ocurrir en Casas Viejas.

Lo que no esperaba es que nos hubieran dejado entrar en el pueblo e informarnos. Y una vez dentro, que nos hubieran dejado salir.

—Habéis salvado la piel de milagro —añadía, mirándonos como a auténticos héroes.

Yo le dije que los terratenientes le habían contagiado el sobresalto. Contestó:

—Puede ser.

Y añadió que si queríamos conocer a algunos hijos de terratenientes andaluces nos los presentaría a la noche. Efectivamente, después de cenar fuimos a la trastienda de un bar, colgada de cabezas de toros, cuernos y albardas. Tenía el aspecto de un patio de cortijo. Allí nos presentaron a unos muchachos cuya primera impresión era franca y amable. Hablamos, y al poco tiempo esa impresión fue variando. Había uno, sobre todo, sonrosado, fácil al sonrojo, charlador nervioso y vivaz, que daba una impresión de pederasta muy subida. Recordábamos aquellas frases de Quevedo, cuando dan consejos al Buscón en Sevilla, y son consejos para prevenirse contra la obsesión de lo sexual anómalo, que, por lo visto, padecían en el siglo XVII la mayor parte de los sevillanos ociosos. Pero quizá con razón, a juzgar por la Sevilla desocupada y trasnochadora de hoy.

Ese mozuelo quería tener gracia a todo trance, y la gracia consistía en una especie de toreo bufo con los conceptos de un mal gusto y de una falta de agudeza capaz de producir neuralgias. Además, contaba cuentos ya sabidos en los que siempre había algo repugnante y triste. Mi amigo no habló, naturalmente, de Casas Viejas. Pero como el campo seguía agitado, hablaron ellos, en general, de los campesinos. Trataban de desdeñarlos pero a una legua se veía el miedo en su desdén. Un hombre ya maduro me decía:

—¡Son unos vagos!

Yo miraba a los reunidos. Ninguno de ellos hacía en

la vida sino trasegar manzanilla y pasear por la calle de la Sierpe.

—¿Cree usted que quieren la tierra para trabajar? Eso es un cuento.

Frotaba el índice con el pulgar, levantando la mano; hacía un ruidillo con la garganta —no he podido averiguar con qué fin— y decía:

—Dinero es lo que quieren.

Siguieron acusándolos de todos los vicios imaginables. Yo los miraba y veía que iban buscándolos dentro de sí mismos antes de proyectarlos sobre sus enemigos. Porque, eso sí. El andaluz tiene cierta finura para establecer en cada caso cuál es su posición moral con el que tiene enfrente. No siguen, como la mayoría de los mortales, una línea segura e invariable que responda a razones de conciencia y de biología. Su línea es sinuosa. Hay una especie de coquetería moral. Como las mujeres, piensan: «¿Qué es lo que más le gusta a este ser que está tratando de sondearme?». Y ofrecen precisamente lo que el otro busca. Si no lo tienen, lo inventan. Claro que todo esto da una impresión bastante falsa. Cuando tienen ingenio agradan con una especie de agrado femenino. Cuando no lo tienen, todo es espeso, agobiador, lento.

Bebimos unas cañas y nos fuimos. Salía con sueño y aburrimiento. Pero no perdí del todo el tiempo, porque ya de pie y tomando otro vaso de vino en el mostrador —nos convidaba el dueño—, hablamos del bandolerismo. El dueño se refería a los bandoleros más famosos, como si vivieran hoy todavía, y con una especie de respeto romántico que me gustó.

Pero eso no fue lo mejor. Al ver que el tema me interesaba, me dijo que conservaba el folletín completo de

El Liberal, del año 1929, donde por primera vez se había publicado el diario de un individuo que vivió desde fines del siglo XVIII a mediados del XIX. Ese individuo anotaba cada día los hechos sensacionales que se referían a los bandoleros.

Dimos por bien empleado el habernos quedado un día en Sevilla, aunque teníamos grandes deseos de llegar a Madrid. El dueño del bar me dio un fajo de recortes de Prensa. Yo me fui muy contento a la fonda. Seguimos hablando, con mi amigo, de lo de Casas Viejas.

—Es igual que en toda Andalucía.

—Pues no hay quien lo arregle, con este régimen.

Mi amigo se encogió de hombros y dijo con cierto fatalismo:

—Naturalmente.

Dos recortes de *El Liberal*, que pueden ser todo lo elocuentes que se quiera.

Aquella misma noche me leí casi toda la colección. Comenzaba con unas líneas de la Redacción y seguía con la ejecución de Diego Corrientes:

«En la hidalga casa del abogado sevillano D. Joaquín de Palacios Cárdenas hemos hallado los cuadernos manuscritos de cierto R. C. de la B., anotando durante más de cuarenta años, casi día por día, sucesos memorables de la ilustre ciudad, que casi siempre se refieren a riadas, pestes y ejecuciones.

»De ellos tomamos la anotación siguiente:

"En 30 de marzo de 1781 fue arrastrado, ahorcado y descuartizado, cuyos cuartos se pusieron en los caminos, y la cabeza, metida en una jaula, se puso en la venta de La Alcantarilla, el famoso bandido, ladrón de caballos padres y salteador de caminos Diego Corrientes, vecino de Utrera. Por los grandes delitos que cometía fue pregonado por tres veces, ofreciendo grandes premios al que lo entregase vivo o muerto. Habiéndose retirado a Portugal, fue extraído de dicho reino y conducido a la cárcel de esta ciudad el día 25 de dicho mes y año y el 26 y 27 se le tomaron las declaraciones; pero como la

causa estaba sustanciada en rebeldía, el siguiente día 28
se le puso en capilla y se le quitó la vida dicho día 30; el
cual murió ejemplarmente, de edad de veinticinco años,
no cumplidos.

"Se advirtieron en este reo las circunstancias siguientes:

"1.ª Que un amigo suyo que lo acompañaba dio aviso
para que lo prendieran, diciendo dónde estaba y acompañando a los que lo prendieron.

"2.ª Que fue preso en un huerto, en donde estaba descansando, sin armas y descuidado.

"3.ª Que entró en domingo en esta ciudad.

"4.ª Que fue afrentado.

"5.ª Que fue ajusticiado en viernes de marzo.

Nota.—No hizo muerte ninguna."

»El atrevido paralelo del proceso de Diego Corrientes
con la Pasión de Nuestro Señor hubiera podido valer a
R. G. de la B. un proceso de Inquisición.

»Pero nadie lo supo entonces, y ahora por vez primera
se publica.

»Y la trágica cabeza, con la horrible mueca que des-
compuso la cara juvenil y enérgica, fue a parar a la
venta de La Alcantarilla, a la vista del lugar donde D.
Francisco de Bruna sufrió el ultraje de atar la bota del
pie izquierdo del bandido.»

Diego Corrientes tenía una aspiración muy particular:
trataba de equilibrar la sociedad expropiando a los
ricos y entregando sus riquezas a los pobres. Como
los libertarios de Casas Viejas, quiso eludir la sangre. Lo
consiguió por su habilidad para la coartada.

Más adelante vimos esta otra descripción de la prisión
y muerte de un aristócrata. Este fue apresado con una

cuadrilla de auténticos forajidos y criminales, llamada los Berracos:

«Hallándose infestada la provincia de Sevilla con una cuadrilla de bandidos, nombrados los Berracos, procuraron las justicias de los pueblos perseguirles, a fin de ver cómo los podrían coger, para quitar estas langostas de los caminos, lo cual consiguieron, y puestos en la cárcel de esta ciudad, se les siguió la causa, y sustanciada se les intimó por los señores de la Real Audiencia, el lunes 12 de noviembre de 1798, la sentencia siguiente:

»A Pablo de Reina, natural de Estepa, arrastrado y ahorcado.

»Al señor don Francisco de Huertas y Eslava, natural de Écija, dado garrote, según la calidad de su persona.

»A N. N. —aristócrata también, y de tal calidad que no se menciona su nombre—, que fuese puesto al pie del suplicio mientras se ejecutaban los dichos castigos, y después, en compañía de Juan Ruiz Vela (alias Cabeza Torcida), desterrado por diez años a las bombas; en dicho día lunes, metieron en capilla a otros reos que se les había de quitar la vida, y el miércoles 14, a las diez de la mañana, sacaron de la cárcel de los señores a N. N. montado en un burro y lo pusieron al pie de la horca con cuatro soldados de guardia.

»A las once de la mañana sacaron a Pablo de Reina, metido en un serón tirado de un caballo (aunque los hermanos de la Hermandad de la Santa Caridad tuvieron la de llevarlo en sus manos) y acompañado de varios religiosos y personas de gran distinción llegó a la horca, en donde después de ser reconciliado y suplicado lo encomendasen a Dios y su Santísima Madre, y exhortado por religiosos de Nuestro Padre San Francisco, se le quitó la vida.

»A las doce sacaron al señor don Francisco de Huertas y Eslava, con una tunicela de paño negro, sujeta por la cintura con un cordón de seda, y en la cabeza puesto un gorro del mismo color, y en un dedo de la mano izquierda un cintillo; iba subido en una mula, toda enlutada, sin que se le viera más que manos, pies y orejas. Iba escoltado de religiosos carmelitas descalzos y otros varios eclesiásticos, que lo iban exhortando. De esta manera llegó al tablado que para este efecto estaba construido en la plaza, a la salida de la calle Chicarreros, a la izquierda, arrimado a los portales, el cual era de dos y media varas de alto, cinco de ancho y seis de largo. Estaba todo cubierto de paño negro hasta arrastrar una cuarta por el suelo. En el medio estaba el palo que tenía el tornillo, todo nuevo, y delante, de cara a la Audiencia, un sillón sin espaldar, también enlutado, así como el palo del tornillo. En la cara que miraba a las Casas Capitulares estaba puesta una escala ancha de ocho pasos, toda enlutada, por la cual había de subir el reo. Al lado opuesto, en la esquina del tablado del lado de los tundidores, estaba otra escala en blanco, de solo siete pasos, más angosta que la otra, para el uso del verdugo y pregonero. En el suelo, arrimado a las esquinas del tablado, estaban cuatro grandes hacheros negros para, a su tiempo, ponerlos sobre el tablado.

»Luego que llegó el reo lo acompañaron a subir al tablado los religiosos carmelitas descalzos que lo habían acompañado en la capilla; lo sentaron en el sillón, y habiendo el reo levantado las manos, que llevaba atadas, manifestó al verdugo el cintillo que llevaba puesto, el cual se lo sacó el verdugo y se lo puso en su mano; después lo ató al reo de pies y manos al sillón, y en fervorosos actos de amor y dolor entregó su cuello al tornillo y su espíritu al Creador, siendo sentida esta muerte de todo el numeroso concurso que asistió a esta escena.

»Luego que expiró se colocaron los hacheros ya dichos, en los que pusieron hachas de cuatro pábilos, y en cuatro blandones pusieron velas de a dos libras y comenzaron a doblar las campanas del Sagrario, San Francisco y los Terceros.

»A la una y media vino con grande solemnidad un entierro del Sagrario con doce clérigos y la cruz parroquial, y subió al tablado el doctor D. Pedro de Vera y Delgado, canónigo penitenciario de la Santa Iglesia; D. Rafael Brunenque, presbítero, maestro de ceremonias, de ídem; D. Francisco Javier Cutón, ex decano del Colegio de Abogados, y un pasante de dicho señor; y habiendo el verdugo aflojado el tornillo, se retiró y los dichos señores lo desataron, y tendido sobre el tablado le pusieron un hábito de San Francisco, lo metieron en una caja que estaba prevenida desde por la mañana bajo del tablado, lo bajaron entre dos mozos y fue conducido a la capilla de San Antonio de los Portugueses del Compás del Convento de San Francisco, y puesto en medio de dicha capilla se le puso la cera que tuvo sobre el tablado.

»Aquella tarde expusieron los Padres Carmelitas que le asistieron en la capilla, haber encargado el difunto que en su muerte se le vistiese el hábito de su Religión Descalza; por lo que se le mudó de hábito, dejándole el de San Francisco metido en la caja, a un lado del cadáver.»

Los familiares del ahorcado repartieron entre sus amistades ochocientas esquelas, con el siguiente texto:

«B. L. M. Don Gregorio Rosso, capitán de navío, de la Orden de Calatrava; D. Francisco Ignacio Rosso, capitán de fragata, de dicha Orden; D. Francisco Eslava y Conde, regidor perpetuo de la ciudad de Écija, ausentes, y sus amigos el doctor D. Juan Acisclo de Vera y Delgado, presbítero de la Orden de Carlos III, racionero de la Santa Metropolitana y Patriarcal Iglesia de esta ciudad, juez de la Santa Iglesia y vicario general de este Arzobispado; el doctor D. Pedro de Vera y Delgado, canónigo penitenciario de la misma Santa Iglesia, y el doctor D. Francisco Javier Outón, ex decano del Colegio de Abogados de esta ciudad, y les suplican se sirva asistir al funeral de D. Francisco de Huerta y Eslava, primo y sobrino de los nominados ausentes, que se hará en la iglesia de RR. PP. Terceros, a las once en punto de la mañana del jueves 15 del corriente, a cuyo favor quedarán reconocidos. El entierro sale de la capilla de San Antonio, al compás de San Francisco.»

Dicho testigo presencial no omite ciertas expresiones de respeto para la alcurnia del finado, en las que coinciden los jueces que le sentenciaron, los religiosos que le confesaron e incluso el mismo verdugo. El entierro fue suntuosísimo. Asistieron las comunidades de los niños Toribios de la ciudad, la cruz parroquial, cuarenta sacerdotes, el obispo, los caballeros de la ciudad, juez de Iglesia, canónigo penitenciario y abogados. Termina diciendo dicho testigo presencial:

«Fue grande el concurso que acudió a dicho entierro, habiéndose gastado sobre veinte mil reales de vellón en el costo del tablado, tornillo, paño para enlutarlo, vestido del reo, costo del verdugo y pregonero, misas y entierro, y demás gastos.»

Estos gastos, incluso el vestido y el sueldo del verdugo, los pagó la familia del reo.

Al día siguiente fuimos a ver la plazuela de Chicarreros y logramos emplazar mentalmente el tablado en la forma que lo describe el señor R. G. de la B. Cuando nos fuimos, pensábamos:

—Por lo general, el bandido de tipo proletario no mataba. Se limitaba a robar. Seguramente no se tenían por ladrones, sino por «expropiadores». Los que mataban eran estos, los aristócratas. Y robaban con conciencia del robo.

Regreso a Madrid.—Pleito parlamentario entre verdugos.

El regreso fue por el mismo camino que fuimos. Utilizando el trimotor postal de Sevilla a Madrid. Pero ni era posible ya el juego de imaginación con el tiempo, ni la fruición de la velocidad. Después de lo que habíamos visto, solo se nos ocurría pensar que el avión postal, con sus tres motores y sus recias alas, podría quizá habilitarse para bombardeo algún día. En Madrid encontramos un silencio cuidadoso y precavido. El Parlamento laico estaba disfrutando sus vacaciones de Navidad. Tardó todavía en reunirse quince días, durante los cuales estas denuncias se hicieron públicas. Al reanudarse las tareas se planteó en el Parlamento tímidamente la cuestión, para dar pretexto a que el Gobierno hablara y tranquilizara la conciencia de los diputados. En cuanto el jefe del Gobierno y el subsecretario de Gobernación expusieron a su manera y de modo fraccionario y contradictorio su visión de los hechos, la Cámara concedió un voto de confianza al Gobierno socialista-republicano.

Naturalmente, el Gobierno lo había negado todo. Pero una fracción de la oposición pidió que se designara una Comisión Investigadora. El Gobierno se negó; pero a fuerza de insistir, y en vista del ambiente nacional creado alrededor de los sucesos de Casas Viejas, tuvo que acceder. La Comisión confirmó todas las denuncias. Entonces, el Gobierno declaró que no sabía nada.

Se enzarzaron Gobierno y oposiciones en un pleito en el que estas lograron no solo demostrar que el Gobierno estaba enterado, sino que había dado órdenes concretas sobre el caso de los fusilamientos. Los pormenores de los debates no interesan. Era, en definitiva, un pleito entre verdugos, donde se trataba de ventilar si las ejecuciones habían sido realizadas correctamente o no.

He aquí, en pocas líneas, la conducta de la República *socialista* ante los hechos: el Parlamento apoya y justifica al Gobierno, el Gobierno disculpa, rehabilita y defiende a las fuerzas represoras —Guardia Civil y de Asalto—. Estas han asesinado a los campesinos hambrientos de Casas Viejas, defendiendo a los terratenientes feudales, monárquicos. La fuerza pública, el Gobierno, el Parlamento y la República *socialista* asesinan a los campesinos de Casas Viejas y confirman su sumisión ante los feudales terratenientes andaluces, que hasta producirse la tragedia fueron monárquicos y combatieron a la República, y que ahora, agradecidos por la sangrienta represión, ingresan en los partidos republicanos.

Todo el aparato de la falsa democracia republicana se ha puesto en el Parlamento, en el Gobierno civil de Cádiz y en el pueblecito ensangrentado de Casas Viejas, al servicio del señor feudal, latifundista, católico y monárquico.

Entre los comentarios que los diputados de la mayoría

ministerial hicieron a la exposición de la tragedia de Casas Viejas, destacó mucho este:

—¡Sensiblerías y ventajitas!

A la mentalidad de ese diputado corresponde también la frase de aquel guardia de asalto:

—Está asomando la pestaña un manús...

Que se creyó en el caso de disculparse ante el juez con esas palabras antes de disparar sobre un campesino.

Menos mal que los *socialistas* siguen diciendo que esta es una República democrática regida por intelectuales, y que desarrolla «una alta política». Claro que todo eso es compatible con el contento y la satisfacción con que los terratenientes andaluces monárquicos y feudales se acercan a los partidos republicanos y a los socialistas «dispuestos a colaborar con entusiasmo». «Ante todo, la Patria», como decía el jefe de los guardias en la plaza de Casas Viejas, antes de dar los tres vítores.

Lo demás, la pugna parlamentaria de los partidos burgueses sobre Casas Viejas, no es sino lo que decíamos antes: una disputa entre verdugos ante los cadáveres calientes aún de sus víctimas.

Madrid, febrero de 1933

«El deber de toda persona es tratar de conocer las causas
de lo que aflige a la humanidad.»
FRANCISCO FERRER GUARDIA

Desde LIBROS DEL ASTEROIDE queremos agradecerle el tiempo
que ha dedicado a la lectura de *Viaje a la aldea del crimen*.
Esperamos que el libro le haya gustado y le animamos
a que, si así ha sido, lo recomiende a otro lector.

Al final de este volumen nos permitimos proponerle
otros títulos de nuestra colección.

Queremos animarle también a que nos visite
en www.librosdelasteroide.com y en www.facebook.com/librosdelasteroide,
donde encontrará información completa y detallada sobre todas nuestras
publicaciones y podrá ponerse en contacto con nosotros
para hacernos llegar sus opiniones y sugerencias.
Le esperamos.

«De todos los cientos de relatos o novelas que se han escrito de la guerra civil acaso ninguno puede compararse a *A sangre y fuego*, de Manuel Chaves Nogales. A su lado muchas de las páginas de tantos otros parecen oscurecerse faltas de nervio o sobradas de retórica guerrera. Ni han contado lo que él contó ni lo contaron de la misma manera.»
Andrés Trapiello

«Un propósito de índole moral, la búsqueda de la rectitud, ilumina todos y cada uno de esos magníficos cuentos.»
Ignacio Martínez de Pisón

«Chaves Nogales conservó la excelente costumbre de mirar y de contar con claridad y pasión lo que estaba viendo.»
Antonio Muñoz Molina

«(…) La edición, como ya nos tiene acostumbrados Libros del Asteroide, es tan impecable que uno compraría el libro para regalar con los ojos cerrados, y no se equivocaría en la elección (…)»
Andrés Barba (El Cultural)

«La palabra "periodista" es imprecisa para el vario contenido que encierra el caso de Gaziel: intelectual, ensayista, politólogo... Gaziel es un burgués liberal que, pongamos por caso, sería republicano en Francia y monárquico en Inglaterra.»
Andrés Trapiello

«No he encontrado, en el campo periodístico, una obra globalmente comparable a la que produjo el director de *La Vanguardia* entre el inicio de la primera guerra mundial y los prolegómenos de la guerra civil española.»
Xavier Pericay

«La prosa de Assía es limpia, sutil, con algún
curioso arcaísmo y un sentido del humor de lo más
británico. Como dice Ignacio Peyró en su excelente
prólogo, es más contemporánea que casi toda la
prosa contemporánea.»
Félix de Azúa

«Assía no solo fue un gran corresponsal de guerra,
sino que fue un magnífico analista de la sociedad
británica, de los usos y costumbres de los ingleses,
de la forma con que se enfrentaron solos ante
aquel poderoso enemigo.»
Lluís Foix (La Vanguardia)

978-84-16213-63-4